Gerd Harbeck

Einführung in Turbo Pascal unter CP/M 80

Programmieren von Mikrocomputern

Die Bände dieser Reihe geben den Benutzern von Heimcomputern, Hobbycomputern bzw. Personalcomputern über die Betriebsanleitung hinaus zusätzliche Anwendungshilfen. Der Leser findet wertvolle Informationen und Hinweise mit Beispielen zur optimalen Ausnutzung seines Gerätes, besonders auch im Hinblick auf die Entwicklung eigener Programme.

Bisher erschienene Bände

Band 1 **Einführung in BASIC**
von W. Schneider

Band 3 **BASIC für Fortgeschrittene**
von W. Schneider

Band 4 **Einführung in Pascal**
von W. Schneider

Band 6 **BASIC-Programmierbuch zu den grundlegenden Ablaufstrukturen der Datenverarbeitung**
von E. Kaier

Band 7 **Lehr- und Übungsbuch für Commodore-Volkscomputer**
von G. Oetzmann

Band 9 **Einführung in die Anwendung des Betriebssystems CP/M**
von W. Schneider

Band 10 **Datenstrukturen in Pascal und BASIC**
von D. Herrmann

Band 11 **Programmierprinzipien in BASIC und Pascal**
von D. Herrmann

Band 12 **Assembler-Programmierung von Mikroprozessoren (8080, 8085, Z 80) mit dem ZX Spectrum**
von P. Kahlig

Band 13 **Strukturiertes Programmieren in BASIC**
von W. Schneider

Band 14 **Logo-Programmierkurs für Commodore 64 Logo und Terrapin Logo (Apple II)**
von B. Schuppar

Band 15 **Entwerfen von Programmen (Commodore 64)**
von G. Oetzmann

Band 16 **Einführung in die Anwendung des Betriebssystems MS-DOS**
von W. Schneider

Band 17 **Einführung in die Anwendung des UCSD p-Systems**
von K. Buckner/M. J. Cookson/A. I. Hinxman/A. Tate

Band 18 **Mikrocomputer-COBOL**
von W. Kähler

Band 19 **Fortgeschrittene Programmiertechniken in Turbo Pascal**
von E. Hering und K. Scheurer

Band 20 **Einführung in die Anwendung des Betriebssystems Apple DOS (Apple II)**
von H. R. Behrendt und H. Junghans

Band 21 **Logo (AT)**
von K. Haussmann

Band 22 **Einführung in Turbo Pascal unter CP/M 80**
von G. Harbeck

Band 23 **Pascal mit der Turtle**
von K. und K. H. Beelich

Programmieren von Mikrocomputern Band 22

Gerd Harbeck

Einführung in Turbo Pascal unter CP/M 80

Friedr. Vieweg & Sohn Braunschweig / Wiesbaden

CIP-Kurztitelaufnahme der Deutschen Bibliothek

Harbeck, Gerd:
Einführung in Turbo Pascal unter CP M 80 / Gerd Harbeck. – Braunschweig; Wiesbaden: Vieweg, 1986.
(Programmieren von Mikrocomputern; Bd. 22)

NE: GT

Das in diesem Buch enthaltene Programm-Material ist mit keiner Verpflichtung oder Garantie irgendeiner Art verbunden. Der Autor übernimmt infolgedessen keine Verantwortung und wird keine daraus folgende oder sonstige Haftung übernehmen, die auf irgendeine Art aus der Benutzung des Programm-Materials oder Teilen davon entsteht.

ISBN-13: 978-3-528-04440-4 e-ISBN-13: 978-3-322-85545-9
DOI: 10.1007/978-3-322-85545-9

Vorwort

Die von Nikolaus Wirth entwickelte Programmiersprache Pascal hat sich weitgehend im Bereich der Ausbildung und der Anwendung durchgesetzt. Seit einigen Jahren ist diese vielseitige und sichere Sprache auch auf Personal Computern in ihrem vollen Umfang lauffähig. Und seit der Entwicklung von Turbo Pascal (1983) ist für das Programmieren in Pascal eine optimale Programmierumgebung verfügbar.

Die Programmierumgebung ist vor allem für den Anfänger bedeutsam. Er kann eine Programmiersprache um so leichter erlernen, je besser er dabei vom Sprachsystem unterstützt wird. Im Kontrast zu anderen Pascal-Versionen zeichnet sich Turbo Pascal durch eine besondere Benutzerfreundlichkeit und durch eine Reihe von Vorzügen aus. Die einfache Kommandostruktur, der erstaunlich schnelle Compiler und der hervorragende Editor, der beim Compilieren automatisch zur Fehlerbeseitigung herangezogen wird, machen den Zugang zum Programmieren in Pascal so einfach, wie man es vorher nur von BASIC-Systemen gewohnt war.

Nicht nur der Einsteiger wird durch das Sprachsystem gut unterstützt, auch der Programmierer, der anspruchsvolle und umfangreiche Programme strukturiert schreiben will, weiß die Vorzüge des Turbo Pascal-Compilers zu schätzen. Beim Schreiben komplexer Programme kommen die Stärken der Sprache Pascal und die Unterstützung durch das System Turbo Pascal voll zur Geltung.

Inzwischen gibt es eine ganze Reihe von Büchern über Turbo Pascal, neben dem Handbuch (Borland, 1983) gibt es Einführungen in das Sprachsystem, Programmierkurse verschiedener Höhenlage und auch Lehrgänge, die auf der Basis von Turbo Pascal in das Lösen von Problemen einführen sollen. Damit Sie dieses Buch richtig einordnen können, sei vorweg gesagt, was nicht angestrebt wird: Das Buch soll nicht in die Methoden der Informatik einführen, d. h. nicht das Aufbereiten von Problemen und das Entwickeln von Lösungsalgorithmen werden thematisiert. Hier geht es nur um den letzten Schritt beim Lösen von Problemen mit dem Computer, um die Codierung eines erstellten Algorithmus in einer Programmiersprache. Das Buch will darstellen, welche Hilfsmittel die Sprache Pascal und das System Turbo Pascal für das Schreiben strukturierter Programme bereitstellen.

Das Buch wendet sich an Leser, die schon Grundkenntnisse im Programmieren haben und nun das System Turbo Pascal kennenlernen wollen. Es führt zunächst in die Handhabung des Systems ein und stellt dann systematisch aufbauend die Sprachelemente dar. Das ausführliche Inhaltsverzeichnis läßt erkennen, daß Sie das Buch auch zum Nachschlagen verwenden können. Insofern handelt es sich auch um ein Turbo Pascal-Handbuch, das für den Einsteiger aufbereitet und gegenüber dem Originalhandbuch vereinfacht wurde. Technische Details und Feinheiten wie ein Speicherzugriff mit direkter Adressierung oder eine Verwendung von Heap und Stack, die erst für den fortgeschrittenen und versierten Programmierer interessant sind, werden in diesem Buch nicht beschrieben. Auch auf die Unterschiede der Versionen, die durch die verschiedenen Betriebssysteme bedingt sind, wird nicht eingegangen. Das Buch beschränkt sich auf die Version, die unter CP/M 80 auf den meisten Rechnern mit einem 8 Bit-Prozessor läuft.

Die Unterschiede zwischen den Versionen für die einzelnen Betriebssysteme betreffen nicht den Kern der Sprache Turbo Pascal, daher lassen sich die hier entwickelten Sprachstrukturen und die erstellten Programme auf Computer mit anderen Betriebssystemen wie CP/M 86 oder MS-DOS übertragen. Wer sich über die Unterschiede und die Besonderheiten der einzelnen Sprachversionen informieren möchte, sei auf das Turbo Pascal-Handbuch verwiesen.

Die ersten Abschnitte des Buches führen in die Handhabung des Betriebs- und des Sprachsystems ein, damit Sie das Erlernen der Sprache durch praktische Arbeit am Computer unterstützen können. Wenn Sie zu allen neu entwickelten Sprachelementen eigene Programme schreiben und ablaufen lassen, dann lernen Sie effektiver. Der Computer wird Sie sofort und unnachsichtig korrigieren, wenn Sie einen Fehler gemacht haben sollten, und die syntaktischen Regeln prägen sich schneller ein, wenn Sie mit dieser Kontrolle vorgehen.

Das Erarbeiten neuer Steuer- und Datenstrukturen wird jeweils durch Programmbeispiele unterstützt. Diese wurden nach Möglichkeit so ausgewählt, daß sie in sich abgeschlossen sind und damit getestet werden können, zugleich aber als Bausteine für den Aufbau größerer Programme einzusetzen sind. Im Laufe der Entwicklung wird mit den Beispielen das Material bereitgestellt, mit dem Sie dann komplexe eigene Programme schreiben können. Die beiden Beispielprogramme Textbearbeitung und Datenbank sollen Ihnen dafür Anregungen und Hinweise geben.

Abschließend zwei kleine Hinweise zur Sprache des Buches und zu den Schrifttypen:

1. In manchen Fällen wird die englische Bezeichnung, soweit sie in die Fachsprache übernommen wurde, beibehalten und nicht ins Deutsche übertragen. So wird das Wort File nicht durch Datei ersetzt, da das Wort Datei allgemeiner für eine Zusammenfassung von Daten und nicht nur für den Datentyp verwendet wird. Auch die Bezeichnung Workfile für den File, mit dem der Benutzer arbeitet, sollte als Terminus des Turbo Pascal-Systems bleiben.

2. Im Buch werden zwei Schrifttypen verwendet, eine für den Text und die zweite für die Programmlistings. Die Programme wurden so ins Buch aufgenommen, wie sie von einer Typenradschreibmaschine geschrieben wurden. In den Programmen und im Text sind die Wörter von Pascal, die für bestimmte Anwendungen reserviert sind, durch Unterstreichen kenntlich gemacht.

Ich wünsche Ihnen viel Freude und Erfolg bei Ihrer Arbeit mit Turbo Pascal!

Westerland, im Mai 1986 Gerd Harbeck

Inhaltsverzeichnis

1 Betriebssystem CP/M 80

Ein Betriebssystem ist ein Paket von Programmen, mit denen die Vorgänge in der Hardware z. B. bei der Ein- und Ausgabe oder beim Ablauf eines Anwenderprogramms gesteuert werden. Auch die Verwaltung des Arbeitsspeichers und die Diskettenverwaltung sind Aufgaben des Betriebssystems.

Das Betriebssystem CP/M (Control Program for Microprozessors) wurde von der Firma Digital Research entwickelt und ist lauffähig auf Mikroprozessoren unterschiedlicher Fabrikate. Es bildet die Grundlage für vielfältige Anwender-Software wie Textverarbeitungssysteme, Datenbanken und Tabellenkalkulationsprogramme. Auch die Programmiersprache Turbo Pascal läuft unter CP/M, d. h. sie kann alle Programme dieses Betriebssystems verwenden. Das bedeutet eine Entlastung des Sprachsystems und eine Vereinfachung seiner Kommandostruktur.

In diesem ersten Kapitel soll das Betriebssystem CP/M insoweit, wie es für die Arbeit mit Turbo Pascal bedeutsam ist, beschrieben werden. Wer sich darüberhinaus über die Struktur und die Anwendung des Betriebssystems CP/M informieren möchte, sei auf spezielle Literatur dazu[1]) verwiesen.

1.1 Hardware-Ausstattung

Für den Einsatz von CP/M und damit auch von Turbo Pascal ist die folgende Mindestausstattung an Hardware erforderlich:

- ein Mikrocomputer mit mindestens 56 Kbyte Arbeitsspeicher,
- eine Eingabetastatur (Keyboard),
- ein Bildschirmsichtgerät (Monitor) und
- ein Diskettenlaufwerk (Floppy).

---

[1]) W. Schneider: CP/M, Einführung und Anwendung, Vieweg Verlag 1983.

Wünschenswert sind

ein zweites Laufwerk und
ein Drucker, auf dem Programme und Ergebnisse dauerhaft ausgegeben werden können.

Diese Ausstattung ist bei den meisten Personal Computern (PC) vorhanden. Bild 1.1 zeigt die Hardware-Konfiguration, auf die sich die Darstellung dieses Buches bezieht.

Die folgende Beschreibung der Abläufe z. B. beim Kopieren oder beim Drucken setzt voraus, daß Sie ein zweites Laufwerk und einen Drucker haben. Trifft das nicht zu, dann müssen Sie die Beschreibung entsprechend modifizieren. So wird z. B. beim Kopieren von Disketten mit nur einem Laufwerk ein mehrfacher Diskettenwechsel nötig. Die dazu erforderlichen Anweisungen werden vom Kopierprogramm gegeben.

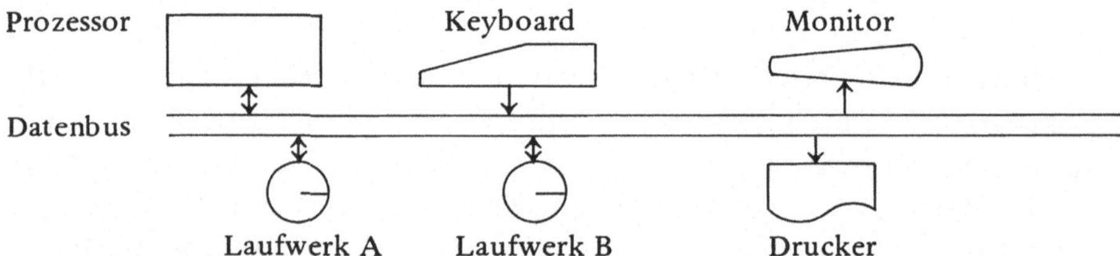

Bild 1.1 Die Hardware-Konfiguration, auf der Turbo Pascal unter dem Betriebssystem CP/M läuft.

Wenn Ihr PC über das Betriebssystem CP/M verfügt, dann können Sie auch Turbo Pascal fahren. Das Sprachsystem wird von der Lieferfirma dem jeweiligen Terminal angepaßt, Sie können es auch selbst installieren (s. Abschnitt 2.1). Dabei lassen sich auch Besonderheiten der Tastenanordnung auf dem Keyboard berücksichtigen. Ihre Anpassung kann zur Folge haben, daß z. B. die Kommandos zum Steuern des Cursors beim Arbeiten im Bildschirm-Editor (s. Abschnitt 2.3) mit anderen als den angegebenen Tasten ausgelöst werden. Diese Unterschiede betreffen aber nicht das Sprachsystem Turbo Pascal selbst.

Unterschiede im Sprachsystem und insbesondere bei Compiler-Direktiven ergeben sich aber, wenn man Turbo Pascal auf 16 Bit-Prozessoren statt auf 8 Bit-Prozessoren installiert. Um nicht immer beide Varianten aufführen zu müssen, beschränkt sich die Darstellung in diesem Buch auf 8 Bit-Prozessoren und auf das dafür entwickelte Betriebssystem CP/M 80. Wer sich über die Abweichungen bei anderen Betriebssystemen informieren will, sei auf das Handbuch zu Turbo Pascal verwiesen.

1.2 Starten des Betriebssystems CP/M

Das Betriebssystem CP/M wird auf einer Diskette geliefert, auf der außer dem Grundsystem weitere Hilfsprogramme enthalten sind. Bei der Bestellung der Systemdiskette geben Sie Gerätetyp und -konfiguration an, so daß Sie ein auf Ihren PC angepaßtes System erhalten. Auch die Diskette mit dem Sprachsystem Turbo Pascal enthält (auf den ersten Spuren) das Betriebssystem CP/M.

Wenn Sie die Diskette mit dem Betriebssystem in das erste Laufwerk einlegen und dann den PC einschalten (Kaltstart) oder den eingeschalteten PC von der Tastatur aus neu starten (Warmstart z. B. mit RESET), dann wird das Betriebssystem automatisch in den Arbeitsspeicher geladen; man spricht vom Booten des Systems.

Nach dem Booten zeigt das System seine Bereitschaft auf dem Bildschirm an. In der obersten Zeile werden die Speicherkapazität, die CP/M-Version, der Terminaltyp und die Seriennummer der Diskette genannt. Dann folgt das Bereitschaftszeichen:

```
A>_
```

Hinter dem Bereitschaftszeichen steht der Cursor und markiert durch sein Blinken die Stelle, an der Eingaben des Benutzers erfolgen können. Das A im Bereitschaftszeichen gibt an, daß das Laufwerk A angemeldet ist. Der Benutzer kann nun das Laufwerk wechseln, indem er an der Cursorposition B: eingibt. Wird danach (wie nach jeder Eingabe) mit der entsprechenden Taste (RETURN, CR, ...) abgeschlossen, meldet sich das System mit der Bereitschaft zum Zugriff auf die Diskette im Laufwerk B:

```
A>B:
B>_
```

Mit A: läßt sich wieder auf das Laufwerk A zurückstellen.

Hinter das Bereitschaftszeichen kann der Benutzer auch ein Kommando schreiben, mit dem er ein Programm des Betriebssystems aufruft. Die folgenden CP/M-Kommandos steuern den Zugriff auf eine Diskette:

Kommando	Abkürzung für	Wirkung
DIR	Directory	Das Inhaltsverzeichnis der Diskette wird auf dem Bildschirm ausgegeben.
REN	Rename	Die Bezeichnung eines Files auf der Diskette kann verändert werden.
ERA	Erase	Ein File oder mehrere können aus dem Inhaltsverzeichnis gelöscht werden.
TYPE	Type	Der Inhalt eines Files kann auf dem Bildschirm oder vom Drucker ausgegeben werden.

Diese Kommandos und ihre Wirkungen werden im folgenden Abschnitt 1.3 genauer beschrieben. Sie sollten einmal das Inhaltsverzeichnis Ihrer Systemdiskette mit dem Kommando DIR (Sie können auch Dir oder dir schreiben) ausgeben lassen. Dann werden Sie mehrere Hilfsprogramme entdecken, die Sie durch Eingabe des Programmnamens aufrufen können. Was sie bewirken, wird in Abschnitt 1.4 beschrieben.

1.3 Kommandos für Diskettenzugriff

Die im Betriebssystem CP/M verfügbaren Kommandos steuern den Zugriff des Benutzers auf die Disketten und die dort gespeicherten Files. Da einige Kommandos genauere Angaben zu den Files erfordern, sollen die wichtigsten genauer beschrieben werden.

1.3.1 Inhaltsverzeichnis ausgeben (DIR)

An das Kommandowort DIR können Laufwerksbezeichnungen wie B: oder Filenamen angehängt werden. Damit läßt sich das Inhaltsverzeichnis der Diskette im angegebenen Laufwerk oder ein Auszug daraus auf dem Bildschirm auflisten.

Beispiele zum Auflisten des Disketteninhalts:

A>DIR B:	liefert das Verzeichnis der Diskette im Laufwerk B.
A>Dir PIP.COM	liefert PIP.COM, falls auf der Diskette A vorhanden.
A>dir *.Com	liefert alle Files von A mit der Kennzeichnung COM.
A>DIR T*.Pas	liefert alle PAS-Files von A, deren Name mit T anfängt.
A>Dir B:*.*	liefert alle Files der Diskette in B.

Die Beispiele zeigen, daß der Stern * als eine Art Joker für Teile des Namens eingesetzt werden kann. Damit lassen sich Gruppen von Files erfassen, z. B. alle COM-Files oder alle Files, deren Name mit T anfängt. Im letzten Beispiel kann man auf *.* verzichten, da auch ohne diesen Zusatz alle Files aufgelistet werden.

Man kann das Inhaltsverzeichnis zusätzlich vom Drucker ausgeben lassen, indem man vor dem Abschließen des Kommandos (mit RETURN oder CR) die Tastenkombination Ctrl-P betätigt, d. h. die Taste P drückt, während die Control-Taste Ctrl gedrückt ist. Mit Ctrl-P wird der (eingeschaltete) Drucker aktiviert, jede Bildschirmausgabe erfolgt nun parallel über den Drucker. Ein erneutes Ctrl-P beendet die Ausgabe über den Drucker.

1.3.2 Umbenennen eines Files (REN)

Mit dem Kommando REN wird das Umbenennen eines Files eingeleitet. Dem Kommando folgt gegebenenfalls mit Laufwerksangabe zunächst der neue Name für den File; er darf noch nicht auf der Diskette vorkommen. Was bei der Auswahl der Filenamen zu beachten ist, wird in Abschnitt 3.5.3 dargestellt. Dem neuen Namen folgt ein Gleichheitszeichen (=) und dann der bisherige Name (mit Filetyp).

Allgemein:

A>REN LW:NeuerName=LW:AlterName

Beispiele für Kommandos zum Umbenennen:

A>REN Test1.Pas=Test.pas

Der bisher Test genannte File heißt anschließend Test1.

```
A>REN B:Kunden.Dta=Kd.Dta
```

Der File Kd.Dta auf B wird in Kunden.Dta (auf B) umbenannt.

Die Laufwerksangaben müssen bei beiden Files übereinstimmen, beim alten Namen kann sie entfallen. Ist kein File mit dem angegebenen Namen auf der Diskette enthalten, ist schon eine Datei mit dem neuen Namen vorhanden oder stimmen die Laufwerksangaben nicht überein, dann meldet das System den Fehler.

1.3.3 Löschen eines Filenamens (ERA)

Das Speichern eines Files auf der Diskette geschieht von Turbo Pascal aus (s. Abschnitt 2.2.7). Um einen gespeicherten File wieder zu löschen, verwendet man das CP/M-Kommando ERA. Dem Kommandowort ERA ist der Name des zu löschenden Files oder – mit dem Stern * für Namensteile – einer Filegruppe anzufügen.

Beispiele für Löschkommandos:

A>ERA Test1.Pas	löscht den File Test1. Pas auf Diskette A.
A>Era T*.PAS	löscht alle PAS-Files, deren Name mit T anfängt.
A>Era B:*.BAK	löscht alle BAK-Files von Diskette B.
A>ERA Test*.*	löscht alle Files, deren Name mit Test anfängt.

Das ERA-Kommando ist mit äußerster Vorsicht anzuwenden, denn die angegebenen Files sind nach dem Abschließen des Kommandos verloren. Die Daten des Files sind zwar nach wie vor auf der Diskette vorhanden, doch hat man keinen Zugriff mehr darauf, weil der Filename aus dem Inhaltsverzeichnis gelöscht wurde.

1.3.4 Ausgabe eines Files (TYPE)

Dem Kommandowort TYPE ist der Name des Files anzufügen, dessen Inhalt auf dem Bildschirm oder parallel auf Bildschirm und Drucker ausgegeben werden soll. Soll zugleich vom Drucker ausgegeben werden, gibt man vor dem Abschließen des Kommandos Ctrl-P ein, um den Drucker zu aktivieren (s. Abschnitt 1.3.1).

Beispiele für Ausgabekommandos:

A>Type Test1.Pas	gibt den Inhalt des Files Test1.Pas aus.
A>Type B:Kopie.BAK	gibt File Kopie.BAK von der Diskette in B aus.
A>Type Tur*.MSG	gibt alle MSG-Files aus, deren Name mit Tur anfängt.

Zur Ausgabe von Files über den Drucker stellt Turbo Pascal ein besonderes Hilfsprogramm TLIST.COM bereit. Für die Ausgabe mit diesem Programm kann der Benutzer Optionen vorgeben, etwa ein Unterstreichen der reservierten Pascalwörter oder ein Voranstellen von Zeilennummern. Daher wird man TLIST, bei dem die Ausgabe seitenweise gegliedert wird, gern zur Ausgabe von Programmen einsetzen.

1.4 Hilfsprogramme auf der Systemdiskette

Die bisher beschriebenen Kommandos gehören zur Basis des Betriebssystems CP/M, sie sind auch auf der Diskette mit Turbo Pascal verfügbar. Auf der CP/M-Systemdiskette sind darüber hinaus Hilfsprogramme enthalten, die man zur Diskettenverwaltung einsetzen kann. Mit ihnen kann man neue Disketten formatieren, Disketten duplizieren oder einzelne Files übertragen.
Die Hilfsprogramme auf der CP/M-Systemdiskette (oder auf der Turbo Pascal-Diskette) sind als COM-Files abgespeichert. Die File-Kennzeichnung COM gibt an, daß ein Programm in compilierter Form abgelegt ist. Die folgende Übersicht zeigt die Standard-Filetypen, ihre Bedeutung wird später genauer untersucht:

Kennzeichnung	Abkürzung für	Bedeutung
COM	compiliert	Programm in compilierter Form
PAS	Pascal	in Pascal geschriebenes Programm
BAK	Backup	Kopie eines bearbeiteten Programms
CHN	Chain	von anderen Programmen aufrufbar

Diese Bezeichnungen für Filetypen werden von Turbo Pascal automatisch zugewiesen, der Benutzer sollte sie bei der Kennzeichnung eigener Files vermeiden.

Für alle COM-Files gilt: Der Benutzer kann sie von der Kommandoebene des Betriebssystems CP/M her ausführen lassen, indem er ihren Namen (auch ohne den Zusatz .COM) hinter das Bereitschaftszeichen schreibt.

Beispiel: Der Aufruf

```
A>PIP
```

startet die Ausführung des Programms PIP.COM, mit dem sich Files von einer Diskette auf eine andere übertragen lassen.

Einige Hilfsprogramme auf der CP/M-Diskette und ihre Wirkung sollen nun dargestellt werden.

1.4.1 Formatieren einer Diskette

Bevor eine Diskette zur Speicherung von Files oder anderen Daten eingesetzt werden kann, muß sie formatiert werden. Das geschieht mit einem Hilfsprogramm, dessen Name für verschiedene PC-Fabrikate unterschiedlich sein kann. Es kann FORMAT oder PCFORM heißen und ist als COM-File auf der CP/M-Systemdiskette abgelegt, kann also mit dem jeweiligen Namen gestartet werden.

Die Formatierprogramme geben genaue Anweisungen, was der Benutzer jeweils zu tun hat. Das ist besonders wichtig, wenn nur ein Laufwerk zur Verfügung steht. Der Benutzer wird vor Beginn des Formatierens noch einmal gefragt, ob die Diskette wirklich formatiert werden soll. Dadurch soll vermieden werden, daß eine Diskette, deren Inhalt man aufbewahren möchte, neu formatiert wird. Beim Formatieren geht nämlich der bisherige Inhalt einer Diskette verloren.

1.4.2 Kopieren des Betriebssystems

Auf der CP/M-Systemdiskette kann ein besonderes Programm vorhanden sein, mit dem sich das Betriebssystem auf eine (formatierte) neue Diskette übertragen läßt. Es kann mit seinem Namen (z. B. SYSCOPY) gestartet werden. Bei anderen Systemdisketten wird das Betriebssystem mit einem allgemeinen Kopierprogramm übertragen, indem man dem Kopierkommando besondere Angaben hinzufügt.

1.4.3 Kopieren ganzer Disketten

Das Betriebssystem kann auch dadurch auf eine neue Diskette übertragen werden, daß man die ganze Systemdiskette kopiert und dann alle Files mit dem Kommando ERA löscht. Das Kopieren ganzer Disketten leistet ein Hilfsprogramm, das mit seinem Namen (z. B. COPY oder DISKCOPY) gestartet wird.
Beispiele für Diskettenkopieren:

A>DISKCOPY A: B:	kopiert die Diskette in A auf die Diskette in B.
A>COPY B:=A:	kopiert ebenfalls von Laufwerk A nach B.

Die Beispiele zeigen, daß man genau auf die Reihenfolge der Laufwerkskennzeichnungen achten muß. Sie sollten sich vor dem Abschließen des Kommandos vergewissern, daß Sie die richtige Reihenfolge eingehalten haben. Sonst wird der Inhalt der Bestimmungsdiskette auf die Quellendiskette übertragen, und deren bisheriger Inhalt ist verloren. Das ist besonders schmerzlich, wenn man eine Diskette mit wertvollem Inhalt kopieren wollte. Zum Schutz gegen solche Verluste sollte man die Quellendiskette auf jeden Fall mit einem Schreibschutz (Überkleben des Seitenschlitzes) versehen.

1.4.4 Übertragen einzelner Files

Will man einen oder mehrere Files von einer Diskette auf eine andere übertragen, wendet man ein besonderes Kopierprogramm an, das unter dem Namen PIP.COM auf der Systemdiskette enthalten ist. Der Name PIP steht für Peripheral Interchange Programm, mit ihm lassen sich Files von einem Diskettenlaufwerk auf ein anderes, aber auch von einem Diskettenlaufwerk auf den Drucker übertragen.
Man kann das Programm PIP mit seinem Namen starten und dann nach Erscheinen des Bereitschaftssterns * den Kopierauftrag erteilen. Die allgemeine Form dafür ist

*LW:KopieName=LW:OriginalName

Die Namen müssen vollständig angegeben werden, d. h. der Filetyp ist anzufügen. Die Laufwerksangabe kann entfallen, wenn das angemeldete Laufwerk gemeint ist. Den Kopienamen kann man fortlassen, wenn die Kopie unter dem gleichen Namen abgespeichert werden soll. Mit einem einzigen Kopierauftrag lassen sich auch mehrere Files auf einmal übertragen, wenn man einen Gruppennamen (mit einem Stern als Namensteil) verwendet:

Beispiele für Kopieranweisungen:

A>PIP	
B:=A:Turbo.*	kopiert alle Files, deren Namen mit Turbo beginnt, von Dikette in A nach Diskette in B.
*B:Kunden2.Dta=A:Kunden1.Dta	kopiert File Kunden1.Dta von A nach B, dort wird er unter dem Namen Kunden2.Dta abgelegt.
A:=B:.COM	kopiert alle COM-Files von B nach A.
*B:=A:PIP.Com	kopiert das Programm PIP von A nach B.

Die Beispiele zeigen, daß man nach dem Starten des Programms PIP mehrere Kopieraufträge nacheinander erteilen kann. Geht es nur um einen Auftrag, dann kann man ihn unmittelbar an den Namen PIP anschließen. Mit

```
A>PIP B:=A:*.*
```

werden alle Files von der Diskette im Laufwerk A auf die Diskette im Laufwerk B übertragen. Diese Übertragung aller Files ist aber vom Kopieren der gesamten Diskette zu unterscheiden: Bei der Übertragung aller Files mit PIP wird das Betriebssystem nicht mit übertragen.

Soll ein File, der auf einer Diskette gespeichert ist, mit PIP ausgedruckt werden, dann wird die Gerätekennzeichnung des Druckers (z. B. LST oder LPT) eingesetzt:

A>PIP LST:=A:Programm.PAS	druckt den File Programm aus.

1.4.5 Ausdrucken eines Programms

Das Programm PIP ist nach TYPE die zweite Möglichkeit, einen File über den Drucker auszugeben. Eine dritte Möglichkeit, die sich besonders gut für das Ausdrucken von Pascal-Programmen eignet, bietet das Hilfsprogramm TLIST auf der Turbo Pascal-Diskette. Wird TLIST vom Betriebssystem CP/M her gestartet, dann fragt es den Benutzer nach dem Namen des Files, der auszugeben ist. Durch Eingabe eines Fragezeichens (?) kann sich der Benutzer aber zunächst Informationen über Druckvorgaben auf den Bildschirm holen. Er kann z.B. die Länge (Zeilenanzahl) der Druckseiten und die Breite des linken Randes festlegen. Er kann einen Text, der über jede Seite geschrieben wird, und einen Text für den Seitenabschluß vorher angeben.

Ist der zu druckende File ein Pascal-Programm, dann kann der Benutzer vorgeben, daß die Zeilen durchnumeriert und daß die reservierten Pascalwörter unterstrichen werden.

2 Arbeiten im Turbo Pascal-System

Das Sprachsystem Turbo Pascal wird auf einer Diskette geliefert. Mit dem Kommando DIR können Sie sich anschauen, welche Files die Diskette enthält. Zum Sprachsystem gehören die Files, deren Namen mit Turbo anfangen. Das eigentliche Sprachprogramm ist unter TURBO. COM abgelegt, es kann (wie andere COM-Files) vom Betriebssystem CP/M aus durch Eingabe des Namens gestartet werden.

Außer den Turbo-Files enthält die Diskette das Hilfsprogramm TLIST. COM, mit dem sich Files und insbesondere Pascalprogramme ausdrucken lassen (s. Abschnitt 1.4.5).

Das Programm TINST.COM dient zur Anpassung (Installierung) des Programms TURBO.COM an Ihren PC. Wenn Sie bei der Bestellung Ihrer Turbo Pascal-Diskette Ihre Gerätekonfiguration genau angegeben haben, erhalten Sie ein darauf angepaßtes Turbo Pascal-System. Sie können die Anpassung aber auch selbst vornehmen und Sie können insbesondere die Tasten für die Ediervorgänge nach Ihren Wünschen festlegen, wenn Sie das Installierungsprogramm TINST.COM starten. Wie Sie beim Installieren vorzugehen haben, entnehmen Sie bitte dem Handbuch, das mit der Diskette geliefert wird.

Für die folgende Beschreibung des Umgangs mit dem Sprachsystem Turbo Pascal wird vorausgesetzt, daß Sie ein auf Ihren PC und Ihren Monitor angepaßtes Programm TURBO.COM zur Verfügung haben.

2.1 Starten von Turbo Pascal

Bevor Sie mit Turbo Pascal zu arbeiten beginnen, sollten Sie unbedingt Kopien Ihrer Originaldisketten, d.h. der Systemdiskette CP/M mit den Hilfsprogrammen und der Turbo Pascal-Diskette, herstellen. Wie Sie dabei vorgehen, ist in Abschnitt 1.4 beschrieben:

1. Neue Diskette formatieren,
2. Diskette kopieren.

Dann sollten Sie sich zum Arbeiten in Turbo Pascal eine Arbeitsdiskette anlegen. Auf diese kopieren Sie das Sprachprogramm TURBO.COM und den File TURBO.MSG, in dem die Fehlermeldungen enthalten sind. Den File TURBO.OVR brauchen Sie nur, wenn Sie COM-Files von Turbo Pascal aus starten wollen. Es empfiehlt sich, das Programm PIP. COM auf die Arbeitsdiskette zu kopieren, damit man erstellte Programme auf andere Disketten übertragen oder vom Drucker ausgeben kann.

Auch das Betriebssystem CP/M sollten Sie – wie in Abschnitt 1.4.2 beschrieben – auf die Arbeitsdiskette kopieren. Dann können Sie das Betriebssystem von Ihrer Arbeitsdiskette aus laden und befinden sich in der Kommandoebene von CP/M. Von dort aus können Sie das Sprachprogramm Turbo Pascal starten:

```
A>Turbo
```

Das Sprachsystem meldet sich mit einer Angabe zur Version und einem Hinweis auf das Copyright. Darunter wird angegeben, an welches Terminal angepaßt worden ist. Schließlich wird die Frage an Sie gestellt, ob Sie Fehlermeldungen wünschen:

```
Include error messages (Y/N)?_
```

In der ersten Zeit sollten Sie die Frage mit Y beantworten, damit Ihnen Hinweise gegeben werden, wenn Sie beim Schreiben eines Programms Fehler gemacht haben. Später können Sie auf Fehlermeldungen verzichten, dann braucht Ihre Arbeitsplatte nicht mehr den File TURBO. MSG zu enthalten. Sie sparen etwa 1,5 Byte auf der Diskette und vor allem auch im Arbeitsspeicher.

Wenn Sie die Frage mit Y (oder mit N) beantwortet haben, erscheint auf dem Bildschirm das Hauptmenü von Turbo Pascal:

```
Logged drive: A

Work file:
Main file:

Edit        Compile     Run     Save
eXecute     Dir         Quit    compilerOptions

Text:           0 Bytes
Free:       62903 Bytes

  >_
```

Es zeigt Ihnen, mit welchen Kommandos Sie das Arbeiten in Turbo Pascal steuern können. Die Kommandos können durch das Drücken einer Taste (ohne abschließendes RETURN) eingegeben werden, sobald das Bereitschaftszeichen > von Turbo Pascal erscheint. Sie können sich das Menü jederzeit wieder auf den Bildschirm holen, wenn Sie nach dem Bereitschaftszeichen irgendeine andere Taste (z. B. die Leertaste) betätigen.

2.2 Kommandostruktur von Turbo Pascal

Das Hauptmenü zeigt Ihnen die im Sprachsystem verfügbaren Kommandos. Sie können die Kommandos eingeben, indem Sie die Taste des hervorgehobenen Buchstabens drücken (ohne mit RETURN abzuschließen). Die folgende Tabelle zeigt die Wirkung der Kommandos:

Kommando	Wirkung
L	bereitet die Anmeldung eines Laufwerks vor.
W	bereitet die Vereinbarung eines Workfiles vor.
M	bereitet die Vereinbarung eines Mainfiles vor.
E	startet den Editor.
C	startet den Compiler.
R	startet den Ablauf des Programms im Workfile.
S	speichert den Workfile auf der Diskette.
X	startet den Ablauf eines anderen Programms.
D	gibt das Inhaltsverzeichnis der Diskette aus.
Q	veranlaßt die Rückkehr von Turbo Pascal zu CP/M.
O	ermöglicht die Vorgabe von Compiler-Optionen.

Was die einzelnen Kommandos bewirken und wie sie beim Arbeiten in Turbo Pascal einzusetzen sind, soll nun genauer beschrieben werden.

2.2.1 Anmeldung eines Laufwerks (L)

Wenn Sie das Laufwerk wechseln wollen, drücken Sie die Taste L. Auf dem Bildschirm erscheint die Aufforderung, die Kennzeichnung des neuen Laufwerks einzugeben:

```
New drive:_
```

Das von Ihnen genannte Laufwerk (A oder B) ist dann angemeldet, auf der darin enthaltenen Diskette wird ein Disk-Reset ausgeführt. Das Kommando L bewirkt ein Disk-Reset, auch wenn Sie das Laufwerk nicht gewechselt und die Aufforderung ohne Angabe einer Laufwerkskennzeichnung nur mit RETURN beantwortet haben. Das sollte jedesmal geschehen, wenn Sie die Diskette im Laufwerk gewechselt haben. Sonst kann es Probleme beim Zugriff auf die neue Diskette geben.

2.2.2 Wahl eines neuen Workfiles (W)

Wollen Sie einen neuen File bearbeiten, dann geben Sie das Kommando W ein. Auf dem Bildschirm erscheint die Aufforderung, einen Namen für den File einzugeben:

```
Work file name:_
```

Der von Ihnen eingegebene Name braucht keinen Filetyp zu enthalten. Schließen Sie den Namen mit einem Punkt (.) ab, dann wird kein Typ hinzugefügt. Sonst wird automatisch .PAS angehängt, wenn Sie keinen anderen Typ vorgeben.

Der eingegebene Filename wird im Inhaltsverzeichnis der angemeldeten Diskette gesucht. Ist er nicht vorhanden, wird mit dem Hinweis

```
new file
```

ein neuer Workfile eingerichtet. Sonst wird der File dieses Namens von der Diskette geladen und kann als Workfile bearbeitet werden.

Haben Sie den bisherigen Workfile vor dem Kommando W nicht abgespeichert, dann erscheint der Hinweis:

```
Work file LW:FileName.TYP not saved. Save (Y/N)?_
```

Antworten Sie mit Y, dann wird der bisherige Workfile auf der Diskette abgespeichert, bei N geht sein Inhalt verloren.

2.2.3 Wahl eines Mainfiles (M)

Bei längeren Programmen kann man einzelne Programmteile für sich im Workfile schreiben und korrigieren. Sie werden dann beim Compilieren in ein Hauptprogramm eingebunden. Mit dem Kommando M können Sie den Namen des Hauptprogramms vorgeben, in das die Teilprogramme eingebunden werden sollen. Wenn Sie dann ein Teilprogramm fertiggestellt haben und compilieren lassen (s. Abschnitt 2.2.5), dann wird das Hauptprogramm von der Diskette in den Arbeitsspeicher geladen und in die Compilierung einbezogen. Das Teilprogramm wird vorher abgespeichert und kann vom Compiler zugeladen werden.

Für die Bezeichnung des Mainfiles gilt, was in Abschnitt 2.2.2 für den Workfile gesagt wurde.

2.2.4 Aufruf des Editors (E)

Der Editor ist ein Programm, mit dem man Texte schreiben und korrigieren kann. So werden alle Pascal-Programme mit dem Editor erstellt. Wenn beim Aufruf des Editors mit E kein Workfile vorhanden ist, dann werden Sie aufgefordert, einen anzugeben (s. Abschnitt 2.2.2).

Wie Sie beim Schreiben und Korrigieren von Programmen oder anderen Texten vorzugehen haben, wird in Abschnitt 2.3 ausführlich beschrieben.

2.2.5 Aufruf des Compilers (C)

Bevor ein Pascal-Programm ablaufen kann, muß es compiliert werden. Der Compiler überprüft das Programm auf syntaktische Fehler und übersetzt es in einen Maschinencode. Mit dem Kommando C rufen Sie den Compiler auf; er beginnt, das Programm im Workfile zu compilieren. Wurde ein Mainfile genannt, dann wird dieser unter Einbeziehung des Teilprogramms compiliert (s. Abschnitt 2.2.3).

Wird beim Compilieren ein Fehler gefunden, erscheint eine Fehlermeldung. Mit der ESC-Taste können Sie dann in den Editor übergehen und den Fehler beheben. Das Korrigieren wird dadurch erleichtert, daß der Cursor an der Stelle des Fehlers steht. Nach Beseitigen des Fehlers können Sie das Edieren mit Ctrl-K Ctrl-D abschließen und den Compiler erneut mit C aufrufen.

Für das Compilieren können Sie Optionen vorgeben, indem Sie vor dem Aufruf des Compilers das Kommando O geben. Welche Vorgaben Sie machen können und was diese bewirken, wird in Abschnitt 2.2.11 beschrieben.

Nach erfolgreichem Compilieren des Programms erfolgt eine Abschlußmeldung, in der auch der vom Programm und seinen Daten benötigte Speicherplatz sowie der noch verfügbare freie Platz angegeben werden.

2.2.6 Starten des Programmablaufs (R)

Mit R wird das Programm gestartet, das compiliert vorliegt. Ist das Programm im Workfile noch nicht compiliert worden, so erfolgt dies vor dem Starten des Ablaufs wie in Abschnitt 2.2.5 beschrieben.

2.2.7 Speichern auf Diskette (S)

Mit dem Kommando S wird der Workfile auf die angemeldete Diskette abgespeichert; der Name bleibt erhalten. Wenn schon ein File dieses Namens auf der Diskette vorhanden ist, wird dieser in FileName.BAK (nach backup) umbenannt.

Beim Schreiben längerer Programme sollte man von Zeit zu Zeit mit S auf der Diskette abspeichern. Man erhält dadurch eine Sicherheitskopie des Programms, in der die vorangehende Entwicklungsstufe abgespeichert ist. Auf sie kann man zurückgreifen, wenn aus irgendwelchen Gründen (z. B. Stromausfall oder eigene Unachtsamkeit) der Inhalt des Workfiles verloren geht.

Ein File auf der Diskette kann nicht durch ein Turbo Pascal-Kommando gelöscht werden. Nicht mehr benötigte Files können Sie mit dem CP/M-Kommando ERA löschen (s. Abschnitt 1.3.3). Mit dem Kommando ERA *.BAK wird man gelegentlich die Zwischenkopien von der Diskette löschen.

2.2.8 Starten anderer Programme (X)

Vom Betriebssystem CP/M her lassen sich COM-Files durch die Eingabe des Namens starten. Das wird insbesondere bei den Hilfsprogrammen etwa zum Kopieren von Disketten oder Files angewendet. Auch vom Turbo Pascal-System her lassen sich COM-Files starten, wenn man vorher X (von eXecute) eingibt. Es erscheint die Aufforderung, den Aufrufnamen einzugeben:

```
Program:_
```

Das von Ihnen genannte Programm wird geladen und läuft ab. Danach gelangt man wieder zum Turbo Pascal-System zurück, und der zuletzt bearbeitete File wird erneut geladen.

2.2.9 Ausgabe des Inhaltsverzeichnisses der Diskette (D)

Im CP/M-System kann man mit DIR das Inhaltsverzeichnis auflisten lassen. Das gleiche ist von Turbo Pascal her mit dem Kommando D möglich. Auf dem Bildschirm erscheint die Aufforderung, eine „Maske" vorzugeben:

```
Dir mask:_
```

Will der Benutzer alle Files aufgelistet haben, gibt er nur RETURN ein. Er kann aber auch durch Eingabe eines einzelnen Namens überprüfen, ob dieser File auf der Diskette ist. Oder er kann durch Vorgabe eines Gruppennamens einen Teil des Verzeichnisses ausgeben lassen. So kann er mit der Maske Tur*.* alle Files erhalten, deren Name mit Tur anfängt.

2.2.10 Rückkehr zum Betriebssystem CP/M (Q)

Wollen Sie das Turbo Pascal-System verlassen und zum Betriebssystem CP/M zurückkehren, dann geben Sie Q ein. Wenn seit dem letzten Abspeichern am Workfile gearbeitet wurde, werden Sie gefragt, ob der Workfile vorher auf Diskette gespeichert werden soll.

2.2.11 Optionen zum Compilieren (O)

Vor dem Aufruf des Compilers mit C können Sie Optionen vorgeben. Mit dem Kommando O erhalten Sie ein neues Menü:

```
compile ⟶                              Memory
                                       Com-file
                                       cHn-file
Find run-time error                    Quit
>_
```

Mit den Kommandos M, C und H können Sie die Compilierung beeinflussen; ihre Wirkung zeigt die folgende Übersicht:

Option	Wirkung
M	Das compilierte Programm wird im Arbeitsspeicher abgelegt. Es kann durch R gestartet werden.
C	Das compilierte Programm wird (zusammen mit der Runtimelibrary) als COM-File auf der Diskette abgespeichert. Es kann mit seinem Namen gestartet werden.
H	Das compilierte Programm wird (ohne library) als CHN-File auf der Diskette abgelegt. Es kann nur von einem anderen Programm aus mit der Prozedur Chain gestartet werden.
F	Beim Ablauf von COM-Files oder CHN-Files wird wie beim Ablauf eines anderen Programms eine Fehlermeldung ausgegeben, wenn ein Runtime-Fehler auftritt.
Q	Rückkehr zum Turbo Pascal-System.

Die Option M ist beim Compilieren voreingestellt. Nur wenn Sie eine andere Option einstellen wollen, geben Sie das Kommando O ein. Wenn Sie dann C oder H vorgegeben haben, wird das Menü erweitert und fragt Sie nach der Startadresse und nach der Endadresse für den Code. Nur wer die Speicherorganisation genau kennt, sollte an den vorgegebenen Adressen etwas ändern.

Hinweis: Bei längeren Programmen kann es vorkommen, daß beim Compilieren unter der voreingestellten Option M der Platz nicht reicht (Fehlermeldung: Compiler overflow). Dann können Sie trotzdem ein compiliertes Programm erhalten, indem Sie vor dem Compilieren das Kommando O eingeben und die Option C einstellen.

Wenn Sie mit den Optionen C oder H die Voreinstellung ändern, dann bleibt Ihre Option bestehen, bis Sie das Turbo Pascal-System verlassen oder die Option wieder mit O umstellen.

2.3 Verwendung des Bildschirm-Editors

Mit dem Editor von Turbo Pascal lassen sich Programme wie auch andere Texte auf dem Bildschirm schreiben und korrigieren. Wie der Benutzer den Editor einsetzen kann und wie er von ihm unterstützt wird, soll in diesem Abschnitt beschrieben werden.

2.3.1 Aufruf des Editors

Der Editor wird mit E aufgerufen (s. Abschnitt 2.2.4). Ist kein Workfile vorhanden, werden Sie aufgefordert, einen Namen anzugeben (s. Abschnitt 2.2.2). Wenn Sie einen schon auf der Diskette vorhandenen File nennen, wird dieser in den Arbeitsspeicher geladen und kann ediert werden. Sonst wird ein neuer Workfile eingerichtet.

Der Editor meldet seine Bereitschaft mit der Statuszeile am oberen Rand des Bildschirms:

```
Line 1   Col 1      Insert   Indent                LW:FileName.TYP
```

Die ersten beiden Angaben beziehen sich auf die Stellung des Cursors auf dem Schirm. Zu Beginn befindet er sich in Zeile 1 und Spalte 1. Mit Insert wird angegeben, daß Sie an der Cursorposition Zeichen in den Text einfügen können; die in der Zeile nachfolgenden Zeichen verschieben sich jeweils um einen Platz nach rechts.

Sie können jederzeit mit dem Steuerkommando Ctrl-V (Taste V drükken, während die Control-Taste gedrückt ist) von Einfügen auf Überschreiben umschalten, dann steht overwrite statt insert in der Statuszeile. Wenn Sie dann ein neues Zeichen eingeben, wird das Zeichen an der Cursorposition überschrieben.

Mit Indent wird angezeigt. daß automatisch eingerückt wird. Beim Übergang zu einer neuen Zeile (mit RETURN) steht der Cursor unter dem ersten Zeichen der vorangehenden Zeile. Sie können den automatischen Tabulator mit Ctrl-Q Ctl-I ausschalten und auch wieder einschalten (s. Abschnitt 2.3.4.3).

Schließlich wird in der Statuszeile auch der Name des Workfile genannt, der gerade ediert wird. Ist der Workfile nicht leer, dann werden die ersten 23 Zeilen auf dem Bildschirm geschrieben.

Der Turbo Pascal-Editor stellt dem Benutzer 45 Kommandos zur Verfügung, mit denen er den Ediervorgang steuern kann.

Sie lassen sich in vier Gruppen einteilen:

1. Steuerung des Cursors auf dem Bildschirm
2. Einfügen und Löschen von Zeichen oder Textteilen
3. Handhabung von Textblöcken
4. Sonstige Ediervorgänge.

Die einzelnen Kommandos und ihre Wirkung sollen nun beschrieben werden. Bevor Sie den Editor aufrufen, sollten Sie aber wissen, wie Sie ihn wieder verlassen können: Mit Ctrl-K Ctrl D kehren Sie aus dem Editor zu Turbo Pascal zurück. Sie halten die Ctrl-Taste gedrückt und drücken dann K und D.

2.3.2 Steuerung des Cursors

Der Cursor kann durch 19 Kommandos in alle vier Richtungen und mit unterschiedlicher Schrittweite über den Bildschirm bewegt werden. Alle Steuerkommandos verwenden die Ctrl-Taste, diese bleibt gedrückt, während die zweite Taste betätigt wird. In der folgenden Tabelle werden die Steuerkommandos beschrieben. Rechts in der Übersichtstabelle ist eine Spalte freigehalten; dort können Sie die Tasten eintragen, mit denen Sie von ihrer Tastatur aus die Cursorbewegung steuern. Das sollten Sie in dem Fall tun, wenn Ihre Installierung von Turbo Pascal besondere Tasten wie Pfeiltasten oder Funktionstasten einbezogen hat.

Standard-Tasten	Wirkung: Der Cursor bewegt sich ...	Ihre Tasten
Ctrl-S	ein Zeichen nach links.	
Ctrl-D	ein Zeichen nach rechts.	
Ctrl-A	ein Wort nach links.	
Ctrl-F	ein Wort nach rechts.	
Ctrl-E	eine Zeile nach oben.	
Ctrl-X	eine Zeile nach unten.	
Ctrl-Q Ctrl-S	an den Anfang der Zeile.	
Ctrl-Q Ctrl-D	zum Ende der Zeile.	
Ctrl-Q Ctrl-E	zum oberen Rand der Seite.	
Ctrl-Q Ctrl-X	zum unteren Rand der Seite.	
CtrlQ Ctrl-R	an den Anfang des Textes.	
Ctrl-Q Ctrl-C	zum Ende des Textes.	
Ctrl-Q Ctrl-B	an den Anfang des Blocks.	
Ctrl-Q Ctrl-K	zum Ende des Blocks.	
Ctrl-Q Ctrl-P	zurück zur vorangehenden Position.	

Wenn Sie mit dem Textverarbeitungssystem WordStar vertraut sind, erkennen Sie die Übereinstimmung der verwendeten Steuertasten. Man kann sich die anfangs verwirrende Fülle der Tasten leicht merken, wenn man ihre Anordnung auf der Tastatur betrachtet:

Außer den angeführten Kommandos, mit denen der Cursor über den Bildschirm bewegt wird, gibt es Kommandos, bei denen der Cursor seine Position auf dem Bildschirm beibehält, während sich der Text bewegt.

Standard-Tasten	Wirkung: Der Text bewegt sich ...	Ihre Tasten
Ctrl-W	eine Zeile nach unten.	
Ctrl-Z	eine Zeile nach oben.	
Ctrl-R	eine Seite nach unten.	
Ctrl-C	eine Seite nach oben.	

Sie sollten die Steuerkommandos einmal praktisch erproben, indem Sie den Editor aufrufen und einen Text schreiben. Sie werden staunen, wie schnell Sie mit den Tasten zum Steuern des Cursors vertraut sind.

2.3.3 Einfügen und löschen

Mit den folgenden Kommandos können Sie das Einfügen oder Löschen von Einzelzeichen, Wörtern oder Zeilen steuern:

Standard-Tasten	Wirkung: Das Kommando ...	Ihre Tasten
Ctrl-V	schaltet um zwischen insert/overwrite.	
Ctrl-N	macht Platz zum Einfügen einer Zeile.	
Ctrl Y	löscht die Zeile, in der der Corsur steht, die folgenden Zeilen werden hochgezogen.	
Ctrl-Q Ctrl–Y	löscht ab Cursorposition den Rest der Zeile.	
Ctrl-T	löscht das Zeichen an der Cursorposition.	
Ctrl-G	löscht das Zeichen links vom Cursor.	

Wie man einen ganzen Block löschen kann, ist unter den folgenden Blockkommandos aufgeführt.

2.3.4 Blockkommandos

Will man einen ganzen Textteil löschen oder ihn an eine andere Stelle setzen, dann muß man ihn zunächst als Block markieren. Den markierten Block hebt der Editor durch Inversschrift hervor. Diese Hervorhebung läßt sich durch Ctrl-K Ctrl-H verdecken und auch wieder sichtbar machen. Sobald ein neuer Block markiert wird, beziehen sich die Blockkommandos darauf und nicht mehr auf frühere Blöcke.

Standard- Tasten	Wirkung: Das Kommando ...	Ihre Tasten
Ctrl-K Ctrl-B	markiert den Blockanfang an der Cursorposition.	
Ctrl-K Ctrl-K	markiert das Blockende an der Cursorposition.	
Ctrl-K Ctrl-T	markiert ein einzelnes Wort als Block.	
Ctrl-K Ctrl-H	schaltet die Inversschrift ein/aus.	
Ctrl-K Ctrl-V	versetzt den Block an die Cursorposition.	
Ctrl-K Ctrl-C	kopiert den Block an die Cursorposition.	
Ctrl-K Ctrl-Y	löscht den Block.	
Ctrl-K Ctrl-R	liest einen File von der Diskette und fügt ihn an der Cursorposition ein.	
Ctrl-K Ctrl-W	schreibt den Block auf die Diskette.	

Bei den beiden letzten Kommandos wird der Benutzer vorher nach dem Filenamen gefragt.

In der ersten Zeit werden Sie vermutlich kaum Blockkommandos verwenden. Wenn Sie dann aber einen Vorrat von Programmen erstellt haben, werden Sie es als vorteilhaft ansehen, wenn Sie schon vorhandene Programme oder Teile davon in neue Programme einsetzen können.

2.3.5 Sonstige Edierkommandos

In der letzten Gruppe sind einige Kommandos zusammengefaßt, mit denen sich weitere Vorgänge steuern lassen. Da sie einer ausführlicheren Erklärung bedürfen, sind sie nicht in Tabellenform angeordent. Sie können Ihre Taste rechts neben die Kopfzeile schreiben.

2.3.5.1 Ctrl-K Ctrl-D Edieren beenden

Mit diesem Kommando verlassen Sie den Editor und kehren zu Turbo Pascal zurück. Der edierte Text ist noch im Workfile, aber noch nicht auf Diskette abgespeichert. Um ihn abzuspeichern, geben Sie das Kommando S vom Hauptmenü ein.

2.3.5.2 Ctrl-I Tabulieren

Turbo Pascal hat keine festen Tabulatorspalten, als Tabulatormarken dienen die Anfänge der Wörter in der vorangehenden Zeile. Wenn Sie Ctrl-I eingeben, verschiebt sich der Zeilenrest ab der Cursorposition an den Beginn des nächsten Wortes in der Vorzeile. Mit dieser Tabulierung lassen sich Tabellen einfach herstellen und Programme übersichtlich schreiben.

2.3.5.3 Ctrl-Q Ctrl-I Automatische Tabulierung ein/aus

Die automatische Tabulierung bewirkt, daß Sie beim Übergang von einer Zeile zur nächsten nicht auf dem Platz 1 beginnen, sondern unter dem Anfang des ersten Wortes in der Vorzeile. Diese automatische Tabulierung der Zeilen können Sie ein- und ausschalten. In der Statuszeile des Editors erscheint indent, wenn die automatische Tabulierung eingeschaltet ist.

2.3.5.4 Ctrl-Q Ctrl-L Zeile wiederherstellen

Wenn Sie eine Zeile verändert, d. h. Zeichen eingefügt oder gelöscht haben, können Sie den vorherigen Zustand durch dieses Kommando wieder herstellen. Die Wiederherstellung der Zeile gelingt jedoch nur, so lange der Cursor die Zeile noch nicht verlassen hat. Eine mit Ctrl-Y gelöschte Zeile läßt sich nicht wiedergewinnen.

2.3.5.5 Ctrl-F Zeichenkette finden

Mit diesem Kommando läßt sich eine Zeichenkette (mit max. 30 Zeichen) im Text auffinden. Nach Eingabe des Kommandos wird die Statuszeile gelöscht. Sie werden aufgefordert, die zu suchende Zeichenkette einzugeben. Diese kann auch Steuerzeichen wie Ctrl-A enthalten. Deren Eingabe muß mit Ctrl-P vorbereitet werden (s. Abschnitt 2.3.4.8). Das Steuerzeichen Ctrl-A kann wie ein Joker für jedes andere Zeichen stehen.

Nach Eingabe der Suchkette werden Sie gefragt, ob Sie für das Durchsuchen Optionen vorgeben wollen. Die folgende Übersicht zeigt das Angebot:

Option	Wirkung
B	Suche von der Cursorposition an rückwärts bis zum Beginn des Textes.
G	Durchsuche den gesamten Text.
n	(n ist eine Anzahl) Suche nach dem n-ten Vorkommen der Suchkette, beginnend bei der Cursorposition.
U	Suche unabhängig von Groß- und Kleinschreibung, große und kleine Buchstaben werden nicht unterschieden.
W	Suche nach dem Vorkommen in ganzen Wörtern. Zeichenfolgen, die in Wörtern eingeschlossen sind, sollen übergangen werden.

Sie können mehrere Optionen vorgeben, indem Sie die Kennzeichen unmittelbar aufeinanderfolgend schreiben.

Die Wirkung der Optionen soll an Beispielen veranschaulicht werden, dabei dient dieser Satz als Text, der Cursor steht am Anfang und die Suchkette heißt an:

> Mit der Option U3 wird das An vom Anfang gefunden, der Cursor steht unter dem n (allgemein unter dem letzten Zeichen der Suchkette).
>
> Mit der Option GW wird die Suchkette zweimal gefunden, mit GU aber viermal und mit B keinmal.

2.3.5.6 Ctrl-Q Ctrl-A Finden und Ersetzen

Mit diesem Kommando können Sie eine Zeichenkette von max. 30 Zeichen im Text auffinden und durch eine andere Zeichenkette (max. 30 Zeichen) ersetzen lassen. Zunächst werden Sie aufgefordert, die Suchkette und dann die Ersatzkette einzugeben. Für diese Eingabe gilt das gleiche, was in 2.3.4.5 gesagt wurde.

Danach können Sie Optionen für das Finden und Ersetzen vorgeben. Zu den in 2.3.4.5 für das Finden beschriebenen Optionen kommt die Option N für das Ersetzen hinzu, und die Anzahl n hat eine andere Bedeutung: Sie gibt an, wie oft ersetzt werden soll.

Wenn Sie die Option N vorgeben, dann wird die Suchkette an jeder Stelle, an der sie gefunden wird, durch die Ersatzkette ersetzt. Sie werden nicht vorher gefragt, ob ersetzt werden soll. Geben Sie die Option N nicht vor, dann entscheiden Sie an jedesmal mit Y oder N, ob an dieser Stelle ersetzt wird.

2.3.5.7 Ctrl-L Wiederhole letztes Durchsuchen

Mit diesem Kommando können Sie das letzte Finden bzw. das letzte Finden und Ersetzen wiederholen lassen.

2.3.5.8 Ctrl-P Einleitung für Steuerzeichen

Wenn Sie in einen Text ein Steuerzeichen einfügen wollen, müssen Sie dies mit Ctrl-P einleiten.

Beispiele:

> Soll in die Suchkette das Steuerzeichen Ctrl-A als Joker eingesetzt werden, muß man Ctrl-P Ctrl-A eingeben.
>
> Soll in ein Programm das Steuerzeichen Ctrl-G eingefügt werden, damit beim Ablauf die Glocke läutet, muß man Ctrl-P Ctrl-G eingeben.

2.3.5.9 Ctrl-U Abbruch des Vorgangs

Mit diesem Kommando können Sie immer dann, wenn eine Eingabe von Ihnen gefordert wird, die jeweilige Operation abbrechen.

Damit sind die Kommandos zusammengestellt, mit denen Sie das Edieren von Programmen und anderen Texten steuern können. Sie werden beim Schreiben der Programme erkennen, welche Vorzüge der Editor von Turbo Pascal bietet. Der Turbo Pascal-Editor nimmt es in der Textbearbeitung mit guten professionellen Programmen auf. Auch das Manuskript dieses Buches wurde mit ihm geschrieben.

3 Sprachelemente von Turbo Pascal

Beim Schreiben von Programmen in Turbo Pascal dürfen nur zugelassene Zeichen verwendet werden. Der folgende Abschnitt 3.1 gibt eine Übersicht über die verfügbaren Zeichen und ihren Verwendungsbereich. Wie die Zeichen für den Computer codiert werden, wird in Abschnitt 3.2 zusammengestellt. Die Codierung zu kennen, ist für den Benutzer nur dann von Bedeutung, wenn er in seinen Programmen z. B. die Eingabe von der Tastatur her steuern will. Zunächst können Sie den Abschnitt 3.2 überschlagen, ohne Voraussetzungen für das Schreiben von Programmen zu versäumen.

Die Sprache Turbo Pascal stellt für die Erstellung von Programmen eine Reihe von Wörtern bereit, die für bestimmte Anwendungen reserviert sind. In Abschnitt 3.3 sind die reservierten Wörter aufgelistet.

Wie der Benutzer mit den verfügbaren Zeichen Bezeichner für Zahlen und andere Objekte schreiben kann, wird in den weiteren Abschnitten dargestellt. Dort wird auch festgelegt, was z. B. bei der Wahl eines Filenamens zu beachten ist.

3.1 Verfügbare Zeichen

Um Programme syntaktisch richtig schreiben zu können, ist die Kenntnis der zugelassenen Zeichen eine Grundvoraussetzung. Die in Turbo-Pascal verfügbaren Zeichen lassen sich in drei Gruppen einteilen: die Buchstaben, die Ziffern und die Sonderzeichen. Ziffern und Buchstaben faßt man als alphanumerische Zeichen zusammen.

3.1.1 Alphanumerische Zeichen

Verfügbar sind alle Buchstaben des Alphabets in Groß- und in Kleinschreibung:

ABC ... XYZ und abc ... xyz

Bei Bezeichnern z. B. für Variablen oder für Prozeduren unterscheidet das Sprachsystem nicht zwischen Groß- und Kleinschreibung. Das kann man schon beim Aufruf des Spachsystems erfahren: Es läßt sich mit TURBO, Turbo oder turbo laden. Die Groß- oder Kleinschreibung wird aber dann bedeutsam, wenn zwei Buchstaben hinsichtlich der alphabetischen Anordnung miteinander verglichen werden. Dem Vergleich liegt die maschineninterne Codierung (s. Abschnitt 3.2) zugrunde, bei der die kleinen Buchstaben eine höhere Ordnungszahl als die großen erhalten.

Anmerkung: Bei einer deutschen Tastatur gehören zu den Buchstaben auch die Umlaute Ä ä Ö ö Ü ü sowie das Zeichen ß. Sie sind aber nicht im Zeichenvorrat von Turbo-Pascal. Die Codierungstabelle in Abschnitt 3.2 zeigt, daß sie an die Stelle von Sonderzeichen wie eckigen oder geschweiften Klammern gesetzt wurden. Man kann sie daher in einem Programm überall dort verwenden, wo die jeweiligen Sonderzeichen stehen sollen. In Bezeichnern z. B. für Variablen dürfen keine Umlaute oder ß vorkommen, man schreibt dort Zaehler statt Zähler und Strasse statt Straße. In anderen Texten sind Umlaute und das ß zulässig.

Zur Gruppe der Buchstaben nimmt man den Unterstreichungsstrich _ hinzu, man darf ihn – als einziges weiteres Zeichen außer Buchstaben und Ziffern – in Bezeichnern verwenden. Zusätzlich zur Groß- und Kleinschreibung läßt er sich einsetzen, um die Bezeichner zu gliedern. Ein Leerzeichen darf darin nicht kommen (s. Abschnitt 3.4). So sind Turbo_Pascal oder Kapitel_1 besser lesbar als TurboPascal oder Kapitel1.

Anmerkung: In Namen für Files, die auf der Diskette gespeichert werden, sollte man den Strich _ möglichst nicht verwenden, da es bei der Diskettenverwaltung vom Betriebssystem CP/M her Probleme geben kann.

Um die Zahlen darzustellen, sind die 10 Ziffern des Dezimalsystems verfügbar:

0 1 2 3 4 5 6 7 8 9

Sie dürfen auch in Bezeichnern verwendet werden, allerdings nicht an der ersten Stelle; dort muß ein Buchstabe stehen.

3.2 Sonderzeichen

Zum Trennen von Bezeichnern oder Anweisungen, zum Schreiben von arithmetischen Operationen, zur Einklammerung und als Vergleichsoperatoren verwendet man Sonderzeichen. Verfügbar sind die Zeichen

+ – * / ^ = < > ( ) [ ] { } ' $ # . , : ;

und das Leerzeichen, das man mit ␣ kennzeichnet, wo man es hervorheben will.

Für einige Sonderzeichen soll schon eine Verwendung genannt werden, obwohl damit dem Kapitel 4 vorgegriffen wird:

- Das Semikolon ; trennt zwei Anweisungen voneinander, es schließt insbesondere eine Deklaration oder Definition ab.
- Der Doppelpunkt : ordnet einem Variablennamen den Typ zu.
- Ein Komma , trennt die Bezeichner, wenn mehrere Variablen vom gleichen Typ gemeinsam deklariert werden.
- Ein Punkt . schließt den Programmblock ab.
- Mit dem Einschluß in Hochkommata ' werden Textkonstanten kenntlich gemacht und von Bezeichnern unterschieden.
- Mit den Zeichen +, –, * und / kennzeichnet man die arithmetischen Operationen.
- Mit dem Dollarzeichen $ wird kenntlich gemacht, daß eine Zahl im Hexadezimalsystem dargestellt ist (s. Abschnitt 3.3).
- Mit dem Doppelkreuz # erhält man zu einer Ordnungszahl das zugehörige Zeichen (s. Abschnitt 3.2).

Vertraut ist die Verwendung der Vergleichsoperatoren: = gleich, < kleiner als und > größer als.

Von besonderer Bedeutung sind die drei verschiedenen Klammerformen: rund, eckig und geschweift. Die runden Klammern werden wie in der Mathematik verwendet, mit eckigen Klammern werden Indizes oder Bereiche eingeschlossen, geschweifte Klammern kennzeichnen Kommentare oder Compilerdirektiven. Man kann ohne eckige und geschweifte Klammern auskommen, wenn man Doppelzeichen verwendet. Das ist wichtig für einen deutschen Zeichensatz, der Ä statt [, Ü statt], ä statt { und ü statt } enthält.

Doppelzeichen, die mit den Vergleichsoperatoren <, > und = gebildet werden, sind bekannt: <= kleiner als oder gleich >= größer als oder gleich und < > ungleich. Auch mit den runden Klammern lassen sich andere Zeichen verbinden: (. hat die gleiche Bedeutung wie die eckige Klammer [und entsprechend .) wie].

Auch die geschweiften Klammern lassen sich durch Doppelzeichen aus runden Klammern und Stern * ersetzen: (* hat die gleiche Bedeutung wie die geschweifte Klammer { und entsprechend *) wie }. Damit sind auch die geschweiften Klammern, an deren Stelle im deutschen Zeichensatz ä und ü stehen, durch Doppelzeichen zu ersetzen. In diesem Buch sollen durchgängig die Doppelzeichen verwendet werden, um der Verwendung eines deutschen Zeichensatzes Rechnung zu tragen.

3.3 Codierung der Zeichen

Jedes der aufgeführten Zeichen wird bei der Eingabe in den Computer binär (d. h. mit nur zwei Zeichen) codiert und in dieser Form abgespeichert. Für jedes Zeichen steht beim 8 Bit-Prozessor ein Platz von 8 Bit, d. h. ein Byte, zur Verfügung. Da es insgesamt 256 verschiedene Belegungen eines Bytes gibt, kann der Zeichenvorrat nur 256 Zeichen enthalten.

Die folgende Übersicht zeigt die Codierung der verfügbaren Zeichen nach dem ASCII (American Standard Code for Information Interchange):

Die letzte Spalte der Tabelle enthält das „Bitmuster" des jeweiligen Zeichens. Die Bitmuster lassen sich als achtstellige Dualzahlen deuten. Man bezeichnet diese Zahlen als Ordnungszahlen, weil mit ihnen die Anordnung der Zeichen innerhalb des Zeichenvorrates festgelegt ist. Die Ordnungszahlen sind in der zweiten Spalte der Tabelle in dezimaler und in der dritten Spalte in hexadezimaler Schreibweise angegeben.

Die Ordnungszahlen bilden die Grundlage für einen Vergleich zwischen den Zeichen. Es gilt z. B. A < B, da die Ordnungszahl von A kleiner als die von B ist. Die Überprüfung der alphabetischen Reihenfolge kann somit anhand der Ordnungszahlen durchgeführt werden. Es gilt auch (wie schon kurz erwähnt) A < a, denn die kleinen Buchstaben haben höhere Ordnungszahlen als die großen.

In Turbo Pascal gibt es eine Funktion Ord, die bei Eingabe eines Zeichens die zugehörige Ordnungszahl liefert. Entsprechend liefert die Funktion Chr zu einer vorgegebenen Ordnungszahl das zugehörige Zeichen. Das gleiche leistet das Zeichen #, wenn man es der Ordnungszahl voranstellt.

Beispiele für die Ermittlung der Ordnungszahl:

```
Ord('A')=65   oder  Ord('A')=$41
Ord('Z')=90   oder  Ord('Z')=$5A
Chr(42)='*'   oder  #42='*'
Chr($61)='a'  oder  #$61='a'
```

Zeichen	Codierung:		
	Dezimal	Hexadez.	Dual
␣	32	20	00100000
!	33	21	00100001
”	34	22	00100010
#	35	23	00100011
$	36	24	00100100
%	37	25	00100101
&	38	26	00100110
’	39	27	00100111
(	40	28	00101000
)	41	29	00101001
*	42	2A	00101010
+	43	2B	00101011
,	44	2C	00101100
–	45	2D	00101101
.	46	2E	00101110
/	47	2F	00101111
0	48	30	00110000
1	49	31	00110001
2	50	32	00110010
3	51	33	00110011
4	52	34	00110100
5	53	35	00110101
6	54	36	00110110
7	55	37	00110111
8	56	38	00111000
9	57	39	00111001
:	58	3A	00111010
;	59	3B	00111011
<	60	3C	00111100
=	61	3D	00111101
>	62	3E	00111110
?	63	3F	00111111
§	64	40	01000000
A	65	41	01000001
B	66	42	01000010
C	67	43	01000011
D	68	44	01000100
E	69	45	01000101
F	70	46	01000110
G	71	47	01000111
H	72	48	01001000
I	73	49	01001001
J	74	4A	01001010
K	75	4B	01001011
L	76	4C	01001100
M	77	4D	01001101
N	78	4E	01001110
O	79	4F	01001111

Zeichen	Codierung:		
	Dezimal	Hexadez.	Dual
P	80	50	01010000
Q	81	51	01010001
R	82	52	01010010
S	83	53	01010011
T	84	54	01010100
U	85	55	01010101
V	86	56	01010110
W	87	57	01010111
X	88	58	01011000
Y	89	59	01011001
Z	90	5A	01011010
[Ä	91	5B	01011011
\ Ö	92	5C	01011100
] Ü	93	5D	01011101
^ ’	94	5E	01011110
_	95	5F	01011111
`	96	60	01100000
a	97	61	01100001
b	98	62	01100010
c	99	63	01100011
d	100	64	01100100
e	101	65	01100101
f	102	66	01100110
g	103	67	01100111
h	104	68	01101000
i	105	69	01101001
j	106	6A	01101010
k	107	6B	01101011
l	108	6C	01101100
m	109	6D	01101101
n	110	6F	01101110
o	111	6F	01101111
p	112	70	01110000
q	113	71	01110001
r	114	72	01110010
s	115	73	01110011
t	116	74	01110100
u	117	75	01110101
v	118	76	01110110
w	119	77	01110111
x	120	78	01111000
y	121	79	01111001
z	122	7A	01111010
{ ä	123	7B	01111011
¦ ö	124	7C	01111100
} ü	125	7D	01111101
~ ß	126	7E	01111110
	127	7F	01111111

3.4 Reservierte Wörter

Für die Kennzeichnung von Datentypen, von Programmteilen oder von Steuerstrukturen sind in Turbo Pascal die folgenden Wörter reserviert worden:

Absolute, and, Array, Begin, Case, Const, div, do, downto, else, End, external, File, for, forward, Function, goto, if, in, inline, Label, mod, NiL, not, of, or, packed, Procedure, Program, Record, repeat, Set, shl, shr, String, then, to, Type, until, Var, while, with, xor.

Für einige der reservierten Wörter soll die Anwendung schon genannt werden:

Mit dem Wort Program beginnt der Programmkopf, das Wort Const leitet eine Konstantendefinition ein und das Wort Var eine Variablendeklaration. Die Wörter Begin und End schließen eine Verbundanweisung und insbesondere den gesamten Anweisungsteil eines Programms ein. Sie sind für diese Anwendung reserviert und dürfen sonst nicht verwendet werden.

Welche Bedeutung die anderen Wörter haben, wird in den folgenden Abschnitten entwickelt. Hier sei aber schon betont, daß der Benutzer keines der reservierten Wörter für andere Zwecke und insbesondere nicht zur Bezeichnung anderer Objekte verwenden darf.

Die reservierten Wörter bilden den Kern der Programmiersprache, sie strukturieren die Programme. Daher sind sie in diesem Buch durch Unterstreichen hervorgehoben worden.

Auch wenn Sie die eigenen Programme mit dem Hilfsprogramm TLIST über den Drucker ausgeben lassen, sollten Sie die reservierten Wörter hervorheben lassen. Sie werden beim Drucken unterstrichen, wenn man die vorausgehende Frage nach den Druckoptionen mit M (Markiere die reservierten Wörter) beantwortet.

3.5 Zahlendarstellung

Beim Schreiben eines Programms in Turbo Pascal darf man nur die im Sprachsystem verfügbaren Zeichen verwenden. Für manche Sprachelemente ist der Zeichenvorrat sogar noch eingeschränkt, so enthalten die reservierten Wörter nur Buchstaben und keine Ziffern oder Sonderzeichen.

Auch für die Darstellung von Zahlen gelten Einschränkungen im Zeichensatz und weitere Besonderheiten. Diese sollen nun dargestellt werden.

Vorher sei noch einmal darauf hingewiesen, daß alle Objekte bezeichnet werden müssen, damit der Computer sie verarbeiten kann. Auch die Verarbeitung von Zahlen ist letztlich eine Verarbeitung von Zeichenketten, mit denen Zahlen dargestellt werden.

Die Ziffern, mit denen Zahlen dargestellt werden, bilden eine Teilmenge des verfügbaren Zeichenvorrats. In Turbo Pascal stehen die 10 Ziffern des Dezimalsystems zur Verfügung, mit ihnen lassen sich alle Zahlen in der von der Mathematik her vertrauten Schreibweise darstellen. Bei Dezimalzahlen wird ein Punkt . statt des in deutscher Schreibweise üblichen Dezimalkommas verwendet.

Um Zahlen hexadezimal schreiben zu können, braucht man weitere 6 Ziffern und nimmt dafür die ersten (großen) Buchstaben des Alphabets. Zur Darstellung von Zahlen stehen somit insgesamt 16 Zeichen zur Verfügung:

0 1 2 3 4 5 6 7 8 9 A B C D E F

Mit den Ziffern werden die Zahlen so geschrieben, wie es in Stellenwertsystemen üblich ist. Da für das Dezimalsystem und das Hexadezimalsystem gleiche Ziffern verwendet werden, muß man bei einer Zahlendarstellung kennzeichnen, für welches System sie gilt. In Turbo Pascal ist vereinbart, daß im Dezimalsystem keine Kennzeichnung nötig ist, während einer Darstellung im Hexadezimalsystem ein Dollarzeichen $ vorangestellt wird. Damit stehen die folgenden Darstellungen jeweils für die gleichen Zahlen:

1 = $1 100 = $64
10 = $A 255 = $FF
16 = $10 256 = $100

Weitere Entsprechungen lassen sich aus der Tabelle der Zeichen-Codierung (s. Abschnitt 3.2) entnehmen. Die Ordnungszahlen 0 bis 255 umfassen den Bereich der zweistelligen Hexadezimalzahlen, jedem Halbbyte (auch Tetrade oder Nibble genannt) der 8 Bit-Codierung im Dualsystem entspricht eine Hexadezimalziffer.

Wenn man Zahlen dezimal oder hexadezimal codiert, erhält man Darstellungen, die der Computer (innerhalb bestimmter Grenzen) verarbeiten kann. Sie sind als vordefinierte Zahlenkonstanten anzusehen, die standardmäßig im Sprachsystem verfügbar sind. Aus dieser Sicht läßt sich die Definition von Zahlenkonstanten im Deklarationsteil eines Programms so beschreiben: Wenn der Benutzer eine Konstante definiert, dann führt er einen Bezeichner dafür ein und legt fest, daß dieser für die gleiche Zahl stehen soll wie die angegebene ziffernweise Darstellung.

Beispiel: Mit der Definition

```
        Const MaxByte=255;
oder          MaxByte=$FF;
```

wird festgelegt, daß für die größte in einem Byte unterzubringende Zahl der Name MaxByte verwendet werden kann.

3.6 Bezeichner

Beim Bezeichnen von Objekten wie Files, Variablen, Konstanten oder Prozeduren sind bestimmte Regeln einzuhalten. Der Benutzer muß z. B. wissen, welche Zeichen er verwenden darf und wie viele Zeichen eines Namens signifikant sind. Einen Hinweis auf die Form, die Bezeichner haben müssen, geben die Standardbezeichner, die Turbo Pascal dem Benutzer zur Verfügung stellt. Einige davon sind im folgenden Abschnitt 3.5.1 zusammengestellt.

3.6.1 Standardbezeichner

Turbo Pascal bietet dem Benutzer eine Reihe von Bezeichnern für Konstanten, Typen, Variablen, Funktionen und Prozeduren an. Die wichtigsten sind in der folgenden Tabelle aufgelistet, weitere werden in späteren Abschnitten eingeführt. Eine vollständige Übersicht über die Standardbezeichner enthält das Handbuch zu Turbo Pascal.

Standardbezeichner

für Konstanten:

False, True	(Wahrheitswerte)
PI, MaxInt	(besondere Zahlen)
Con, Kbd, Lst, Trm	(Gerätekennzeichnung)
BAK, COM, PAS	(Kennzeichnung von Filetypen)

für Typen:

Boolean	(Wahrheitswert)
Byte, Integer	(Ganzzahl)
Char	(Zeichen)
String	(Zeichenkette)

für Funktionen:

Chr	(liefert für eine Ordnungszahl das Zeichen)
Ord	(liefert für ein Zeichen die Ordnungszahl)
Pred	(liefert für ein Zeichen das vorangehende)
Succ	(liefert für ein Zeichen das nachfolgende)

für Prozeduren:

ClrScr	(löscht den Bildschirm)
Delay	(bewirkt eine Pause bei der Bearbeitung)
GotoXY	(steuert den Cursor zu einem Bildschirmpunkt)
Read, Readln	(steuert die Eingabe von Daten)
Write, Writeln	(steuert die Ausgabe von Daten)

Diese Liste wird in den folgenden Abschnitten laufend erweitert.

3.6.2 Benutzerdefinierte Bezeichner

Auf Standardbezeichner kann der Benutzer zurückgreifen, ohne sie vorher deklarieren zu müssen. In seinen Programmen kann er dann weitere Bezeichner für Labels, Konstanten, Typen, Variablen, Funktionen, Prozeduren und für das Gesamtprogramm definieren. Beim Bilden eigener Bezeichner und bei ihrer Verwendung hat er die folgenden Regeln zu beachten:

Ein korrekter Bezeichner beginnt mit einem Buchstaben (oder dem Unterstreichungsstrich _), das erste Zeichen darf also keine Ziffer sein. Dann können bis zu 126 Buchstaben, Ziffern oder Striche _ folgen. In Turbo Pascal ist die Länge der Bezeichner nur durch die Zeilenlänge begrenzt, und die Zeile kann 127 Zeichen aufnehmen. Alle 127 Zeichen eines Bezeichners sind signifikant, d. h. zwei Bezeichner werden auch dann als verschieden angesehen, wenn sie in den ersten 126 Zeichen übereinstimmen und sich erst im letzten Zeichen unterscheiden.

In der Länge der Bezeichner unterscheidet sich Turbo Pascal zum Vorteil des Benutzers von anderen Pascal-Versionen (meist 8 signifikante Zeichen) und anderen Programmiersprachen.

Beispiele für korrekt gebildete Bezeichner:

Text_Zeile
Agent007
Quadrat_Wurzel
Geburtsdatum_Monat

Beispiele für fehlerhafte Schreibweise:

Eintrag in Datei
Fehler: Im Bezeichner darf kein Leerzeichen vorkommen.
Korrekt: EintraginDatei oder Eintrag_in_Datei

10erSystem
Fehler: Ein Bezeichner darf nicht mit einer Ziffer beginnen.
Korrekt: Zehnersystem oder Zehner_System

Die Beispiele zeigen, wie man Bezeichner durch Groß- und Kleinschreibung und durch den Strich _ leichter lesbar machen kann. Beim Interpretieren eines Bezeichners unterscheidet das Sprachsystem nicht zwischen Groß- und Kleinschreibung, die Bezeichner clrscr, ClrScr und CLRSCR werden als gleich angesehen, ebenso die Bezeichner TURBOPASCAL, TurboPascal und turbopascal. Wegen der besseren Lesbarkeit soll in diesem Buch eine sinnvolle Mischung aus Groß- und Kleinschreibung verwendet werden.

3.6.3 Filenamen

Eine Besonderheit gilt für Bezeichner, mit denen Files auf der Diskette gekennzeichnet werden. Sie werden wie andere Bezeichner gebildet, doch ist ihre Länge auf 8 Zeichen begrenzt. Wie schon kurz erwähnt, kann die Verwendung des Strichs _ zu Schwierigkeiten führen, wenn man die Diskettenverwaltungsprogramme des Betriebssystems CP/M einsetzt.

An die 8 Zeichen des Filenamens kann – getrennt durch einen Punkt – ein Bezeichner für den Filetyp mit maximal 3 Zeichen angefügt werden. Gibt man im Editor (s. Abschnitt 2.3) keinen Filetyp an, dann wird automatisch die Kennzeichnung .PAS hinzugefügt. Weitere Standardtypen für Files sind COM, CHN und BAK. Schließt man den Filenamen mit einem Punkt ohne weiteren Zusatz ab, wird kein Filetyp hinzugefügt.

Beispiele für korrekte Filenamen:

Turbo.COM
Programm.PAS
Kopie.BAK
Textdate.i18
KundenNr.

Wie Filenamen zu handhaben sind, wurde schon in den ersten Kapiteln beschrieben.

In einem Programm sind Bezeichner durch Begrenzer von vorangehenden und nachfolgenden Sprachelementen zu trennen. Als Begrenzer wird häufig das Leerzeichen verwendet, daher darf es auch nicht als Zeichen in einem Bezeichner vorkommen. Als Begrenzer kann aber auch eine Klammer dienen, z. B. bei einem eingefügten Kommentar (s. Abschnitt 4.5). Schließlich begrenzt auch das Zeilenende einen Bezeichner.

4 Aufbau eines Programms

Ein Programm in Turbo Pascal ist nach genau festgelegten syntaktischen Regeln zu schreiben, es ist z. B. in bestimmter Weise in einzelne Teile zu untergliedern. Was bei der Gliederung des Programms zu beachten ist und was die einzelnen Teile enthalten, wird in den Abschnitten 4.1 bis 4.3 beschrieben. Dann wird der Anweisungsteil des Programms genauer betrachtet: In Abschnitt 4.4 werden einfache Anweisungen und ihre Wirkungen beschrieben. Daraus läßt sich dann schon ein erstes Programm erstellen.

Am Ende dieses Kapitels sind alle Voraussetzungen bereitgestellt, mit denen Sie eigene Programme schreiben und ablaufen lassen können.

4.1 Programmkopf

Ein Programm wird in Turbo Pascal – wie in anderen Programmiersprachen – zeilenweise geschrieben, die Zeile ist das Grundelement des geschriebenen Programmtextes. Die erste Zeile eines Programms enthält meist einen Namen für das Programm. Die Zeile mit dem Programmnamen wird Programmkopf genannt. Dem Programmkopf folgt der eigentliche Programmblock, der sich in einen Deklarationsteil und einen Anweisungsteil gliedert (Bild 4.1).

Programmkopf	
Programmblock	Deklarationsteil
	Anweisungsteil

Bild 4.1 Ein Programm besteht aus einem Kopf und einem Block, der einen Deklarationsteil und einen Anweisungsteil enthält.

Die Kopfzeile eines Programms beginnt mit dem reservierten Wort <u>Program</u>, dem ein Name für das Programm folgt. Diesen Programmnamen kann der Benutzer selbst festlegen, er muß wie andere Bezeichner

(s. Abschnitt 3.5) mit einem Buchstaben beginnen und darf nur alphanumerische Zeichen enthalten (s. Abschnitt 3.1). Ein reserviertes Wort (s. Abschnitt 3.3) darf nicht als Name eingesetzt werden.

Man wird den Programmnamen so wählen, daß er einen Hinweis darauf liefert, wie das Programm einzusetzen ist und was es bewirkt. Die folgenden Beispiele zeigen, wie der Programmkopf aussehen kann:

```
Program Anfang;
Program Text_Verarbeitung;
Program Datei_Verwaltung;
```

Der Programmkopf wird mit einem Semikolon ; abgeschlossen.

Anmerkung: Turbo Pascal weicht von anderen Pascal-Versionen ab, indem es nicht zwingend einen Programmkopf fordert. Der Benutzer tut aber gut daran, eine Kopfzeile voranzusetzen, schon um ein Programm von Programmteilen wie Funktionen oder Prozeduren zu unterscheiden. Der im Kopf enthaltene Programmname gibt ihm auch Hinweise auf die Verwendungsmöglichkeiten und auf den Namen des Files, in dem das Programm auf der Diskette abgespeichert ist. Schließlich lassen sich dem Programmnamen in Klammern Parameter anfügen, die z. B. für den Datenaustausch mit Peripheriegeräten von Bedeutung sind. So wird im Beispiel

```
Program Druck (Input, Printer);
```

ein Ausgabefile festgelegt.

4.2 Deklarationsteil

Die Anweisungen eines Programms sollen die Verarbeitung der eingegebenen Daten steuern, so daß man die geforderten Ausgabedaten erhält. Damit der Rechner die Anweisungen interpretieren kann, muß ihm der Programmersteller sagen, welche Objekte er verarbeiten soll und von welchem Typ die Objekte sind. Das ist z. B. für die Bereitstellung von Speicherplatz und für eine richtige Interpretation der Operationszeichen von Bedeutung. Das letztere soll am Beispiel des Operators + verdeutlicht werden. Sind die Operanden Zahlen, dann müssen sie addiert werden. Handelt es sich um Zeichenketten, dann sind sie miteinander zu verketten.

Bei Zeichenketten muß man außer der Angabe des Typs auch die maximale Anzahl der darin enthaltenen Zeichen angeben, um den

Speicherplatz möglichst gut dem Bedarf anzupassen. Für jedes Zeichen ist genau 1 Byte = 8 Bit im Speicher erforderlich (s. Abschnitt 3.2), so daß die Länge der Zeichenkette den Speicherbedarf in Byte angibt.

Im Deklarationsteil sind alle Konstanten und Variablen, die im Programm vorkommen, mit Namen und Typ anzugeben, damit man im Anweisungsteil auf sie zugreifen kann. Will man für eine Variable einen anderen Typ verwenden, als standardmäßig verfügbar ist (s. Kapitel 5), dann kann man vorher eigene Typen einführen.

Werden in einem Programm Marken (Labels) gesetzt, mit denen man Sprünge bei der Bearbeitung steuern kann, dann sind diese ebenfalls zu deklarieren.

Schließlich werden im Deklarationsteil eines Programms die Bausteine eingeführt, die man als Teilprogramme im Anwendungsteil einsetzen will, das sind Funktionen und Prozeduren. Über ihren Einsatz und über ihre Deklaration wird in Abschnitt 4.4 etwas gesagt und dann in den Abschnitten 6.4 und 6.5 genauer informiert.

Damit ergibt sich die folgende Unterteilung für den Deklarationsteil eines Programms:

1. Labeldeklaration
2. Konstantendefinition
3. Typendefinition
4. Variablendeklaration
5. Deklaration von Funktionen und Prozeduren

Die genannten Definitionen und Deklarationen können in Turbo Pascal (abweichend vom Standard Pascal) in beliebiger Reihenfolge und auch mehrfach im Deklarationsteil vorkommen. Sie können auch fehlen, und im Sonderfall kann der Deklarationsteil leer sein.

Welche Regeln beim Definieren und beim Deklarieren zu beachten sind, soll am Beispiel der Konstanten, Variablen und Labels gezeigt werden.

4.2.1 Konstantendefinition

Die Definition von Konstanten wird mit dem dafür reservierten Wort Const eingeleitet. Jeder Konstanten, die Sie im Programm verwenden wollen, müssen Sie einen Namen geben (s. Abschnitt 3.5) und (mit dem Gleichheitszeichen =) einen Wert zuweisen. Der Wert kann eine Zahl, eine Zeichenkette oder ein Wahrheitswert sein.

Die folgenden Beispiele zeigen, wie Konstanten definiert werden:

```
Const MaxByte=255;
      MWS=0.14;
      Sprache='Turbo Pascal';
      LetzterBuchstabe='Z';
      OK=True;
```

Anmerkungen zur Schreibweise der Werte:

1. Zahlenkonstanten werden wie in der Mathematik geschrieben, statt des Kommas steht der Dezimalpunkt.
2. Textkonstanten werden in Hochkommata ' eingeschlossen. So kann man die Zeichenkette '123' von der Zahl 123 oder die Konstante 'Wert' vom Bezeichner Wert unterscheiden.
3. Als Wahrheitswerte kann man die Konstanten True und False verwenden. Man braucht sie nicht in Hochkommata zu setzen, da sie als Standardkonstanten verfügbar sind.
4. Die Zuweisung des Wertes zum Bezeichner erfolgt mit dem Gleichheitszeichen =, die einzelnen Definitonen werden mit einem Semikolon ; abgeschlossen.

In Turbo Pascal sind die folgenden Standardkonstanten verfügbar, auf sie kann man ohne vorherige Definition zurückgreifen:

```
PI=3.1415926536;
MaxInt=32767;
False= (Wahrheitswert falsch)
True= (Wahrheitswert wahr)
```

Das Beispiel PI gibt eine Begründung für die Definition von Konstanten: Man kann beim Schreiben von Programmen Platz und Zeit sparen, wenn man einen kurzen Konstantennamen statt eines längeren einsetzen kann. Daher wird man auf eine Definition LetzterBuchstabe='Z' verzichten, wenn nicht andere Gründe vorliegen.

4.2.2 Variablendeklaration

Der Wert einer Konstanten bleibt im gesamten Programm unverändert, dagegen kann man einer Variablen nacheinander verschiedene Werte zuweisen. Eine Variable wird deklariert, indem man einen Namen festlegt und (nach einem Doppelpunkt :) angibt, von welchem Typ die Werte sein müssen, die man der Variablen zuweisen kann. Die Variablen-

deklarationen leitet man mit dem dafür reservierten Wort Var ein und schließt jeweils mit einem Semikolon ; ab.
Beispiele für Variablendeklarationen:

```
Var Zahl:Real;
    I,J,K: Integer;
    Zeile: String(.80.);
```

Anmerkungen zur Schreibweise:

1. Die Zuordnung des Typs geschieht mit einem Doppelpunkt : zwischen Variablenname und Typname.
2. Man kann wie im zweiten Beispiele mehrere Variablen gleichen Typs zusammengefaßt deklarieren: Man führt die Variablennamen durch Kommata getrennt auf und gibt dann den gemeinsamen Typ an.

In den Beispielen kommen als Zahlentypen Real (Kommazahl) und Integer (Ganzzahl) vor. Sie sind wie String (Zeichenkette) Standardtypen in Turbo Pascal, brauchen also nicht vorher definiert zu werden. Die Standardtypen werden im Kapitel 5 genauer untersucht. Beim Typ String ist die maximale Anzahl der Zeichen anzugeben, sie wird in den Doppelzeichen (. und .) oder in eckigen Klammern angefügt.

4.2.3 Labeldeklaration

Vor jede Anweisung des Programms kann ein Label gesetzt werden, das als Adresse für einen Sprung (mit Goto) dient. Ein Label besteht aus einem Labelnamen, der in Turbo Pascal ein Bezeichner (s. Abschnitt 3.5) oder eine Zahl sein darf, und wird mit einem Doppelpunkt abgeschlossen. Die Deklaration von Labels wird durch das reservierte Wort Label eingeleitet.
Beispiel für die Deklaration mehrerer Labels:

```
Label NeuAnfang, 18, Exit;
```

Wie man Labels einsetzt, wird in Abschnitt 4.4.3 beschrieben.

4.3 Anweisungsteil

Im Anweisungsteil eines Programms dürfen nur solche Bezeichner vorkommen, die entweder standardmäßig verfügbar sind oder die im Deklarationsteil eingeführt wurden. Der Compiler weist bei der Überprüfung des Programms auf syntaktische Fehler alle ihm unbekannten Bezeichner zurück.

Im Anweisungsteil des Programms sind die Anweisungen zusammengefaßt, mit denen alle Vorgänge wie die Eingabe und die Ausgabe von Daten oder die Verarbeitungsschritte gesteuert werden. Welche Regeln beim Schreiben der Anweisungen zu beachten sind, wird im Abschnitt 4.4 an einfachen Anweisungen eingeführt. Hier sei nur angemerkt, daß der Anweisungsteil die Form einer Verbundanweisung (s. Abschnitt 6.1) hat, er wird mit dem reservierten Wort Begin eingeleitet und mit dem Wort End abgeschlossen. Der dem Wort End folgende Punkt schließt den Programmblock ab:

```
Begin
   Anweisungen
End.
```

Der Anweisungsteil wird in Abschnitt 4.4 mit einfachen Anweisungen ausgefüllt, so daß ein lauffähiges Programm entsteht.

4.4 Einfache Anweisungen

Dieser Abschnitt soll zeigen, wie man einfache Anweisungen wie eine Wertzuweisung, einen Prozeduraufruf (z. B. zur Eingabe oder zur Ausgabe von Daten) oder einen Sprung in Turbo Pascal formuliert. Damit können Sie dann schon kleine Programme schreiben.

Zur Definition einer Konstanten führt man einen Namen ein und weist einen Wert zu:

```
Const   MWS = 0.14;
```

Mit dem Wert ist der Konstanten zugleich auch ein Typ zugeordnet worden, er ergibt sich aus dem Wert. So erhält die Konstante MWS mit dem Wert 0.14 den Typ Real (Kommazahl).

Anmerkung: Über typisierte Konstanten informiert der Abschnitt 9.2.

Bei der Deklaration einer Variablen werden nur ein Name und ein Typ festgelegt, aber noch kein Wert zugewiesen. Der Typ gibt lediglich an, aus welcher Menge die Werte zu nehmen sind, die der Variablen zugewiesen werden können. Der Programmierer muß dafür sorgen, daß einer Variablen vor ihrer ersten Verwendung ein Anfangswert zugewiesen wird, er muß sie initialisieren. Der Wert der Variablen kann dann im Laufe der Programmbearbeitung durch andere ersetzt werden. Greift die Bearbeitung auf die Variable zu, d.h. kommt in einer Anweisung der Bezeichner der Variablen vor, dann wird jeweils der aktuelle Wert verarbeitet.

In Turbo Pascal gibt es unterschiedliche Möglichkeiten, einer Variablen einen Wert zuzuweisen. Man kann den Wert von außen zuweisen, das geschieht mit einer Eingabeanweisung. Der Wert läßt sich aber auch intern zuweisen, das leistet eine Anweisung, die man Wertzuweisung nennt. Diese soll zunächst untersucht werden.

4.4.1 Wertzuweisung

Die interne Wertzuweisung wird in Turbo Pascal mit dem Doppelzeichen := geschrieben, man könnte es als nach links gerichteten Pfeil interpretieren und aussprechen als „erhält zugewiesen". Links vom Zuweisungszeichen := schreibt man den Namen der Variablen, die den Wert erhalten soll.

Die Anweisung

Preis := 19.90;

weist der Variablen Preis, für die der Typ Real vereinbart sein muß, den Wert 19.90 zu.

Die Zuweisung eines konstanten Wertes ist der einfachste Fall. Meist wird auf der rechten Seite des Zuweisungszeichens ein Term (s. Kapitel 5) stehen.

Beispiele für die Zuweisung von Termen:

Zahl := Zahl + 1;
Der bisherige Wert von Zahl wird um 1 erhöht.

Preis := Netto + Netto * MWS;
Zum Nettopreis wird der Mehrwertsteuerbetrag addiert, damit ergibt sich der Wert von Preis.

Zeile := Sprache + ' ist leicht zu erlernen';
Wenn Sprache den Wert 'Turbo Pascal' hat, dann erhält Zeile den Wert 'Turbo Pascal ist leicht zu erlernen'. Zeile und Sprache sind vom Typ String deklariert.

Der rechts stehende Term wird zunächst ausgewertet, sein Wert dann der Variablen zugewiesen, deren Name links steht.

Bei der Formulierung einer Wertzuweisung ist darauf zu achten, daß die Variable den Typ hat, der sich bei der Termauswertung ergibt. Bei der Überprüfung eines Programms auf syntaktische Korrektheit meldet der Compiler dem Benutzer einen Fehler, wenn der Typ nicht übereinstimmt.

4.4.2 Prozeduraufruf

Eine Prozedur ist ein Unter- oder Teilprogramm in einem anderen Programm. Eine Prozedur kann von verschiedenen Stellen her mit ihrem Namen aufgerufen werden und erledigt dann eine Folge von Bearbeitungsschritten. Turbo Pascal stellt eine Reihe von Standardprozeduren zur Verfügung. Wie der Benutzer weitere Prozeduren definieren kann und was beim Übergeben von Parametern zu beachten ist, wird in Abschnitt 6.4 genauer untersucht.

Hier sollen die Prozeduren zur Eingabe und zur Ausgabe von Daten sowie einige nützliche Standardprozeduren angegeben werden.

4.4.2.1 Eingabeanweisung

Einer Variablen kann ein Wert auch von außen, d. h. von einem Eingabegerät wie Tastatur, Diskettenlaufwerk oder Markierungskartenleser, zugewiesen werden. Das geschieht in Turbo Pascal durch den Aufruf der Read-Prozedur. Die Eingabe eines Wertes für die Variable Name vom Typ String wird mit der Anweisung

```
Read (Name);
```

veranlaßt.

Mit dem Aufruf der Eingabeprozedur Read wird zunächst die Eingabe einer Zeichenkette über die Tastatur in einen Zwischenspeicher, den Eingabepuffer, gesteuert. Dieser kann bis zu 127 Zeichen aufnehmen, das entspricht einer Zeile. Der Pufferinhalt erscheint auf dem Bildschirm und kann dort korrigiert werden. Mit dem Drücken der Returntaste wird der Inhalt des Eingabepuffers in den Arbeitsspeicher aufgenommen und der Variablen Name zugewiesen.

Bei der Deklaration einer Stringvariablen (s. Abschnitt 4.2.2) wird eine maximale Anzahl von Zeichen festgelegt. Hat der eingegebene Text weniger Zeichen, dann nimmt die Variable alle auf. Die aktuelle Anzahl der Zeichen wird mit abgespeichert (auf Platz 0), sie steht also für weitere Verarbeitungsvorgänge wie die Ausgabe zur Verfügung. Hat der eingegebene Text mehr Zeichen als die Maximalzahl angibt, dann werden die überzähligen Zeichen nicht mit aufgenommen, sondern bleiben im Puffer.

Das ist anders bei einer Readln-Anweisung, Readln ist eine Verkürzung von Read Line. Mit dem Aufruf

```
Readln (Name)
```

wird das gleiche bewirkt wie mit dem Aufruf der Read-Prozedur, nämlich die Aufnahme eines Textes und die Wertzuweisung an die Variable Name, doch wird der Teil des Pufferinhalts, der über die deklarierte Maximalzahl von Zeichen im String Name hinausgeht, abgeschnitten und geht verloren.

Eine genauere Untersuchung der Prozeduren Read und Readln erfolgt in Abschnitt 8.4, dort wird der hier dargestellte Sonderfall der Tastatureingabe verallgemeinert auf die Eingabe von anderen Eingabegeräten aus.

Es bleibt anzumerken, daß mit der Read- oder der Readln-Prozedur auch Zahlenwerte oder Wahrheitswerte aufgenommen werden können. Mit einem einzigen Aufruf kann man auch die Werte für mehrere Variable eingeben. Das Beispiel

```
Readln (Zahl,X,Name);
```

zeigt, daß man die Variablennamen mit Kommata getrennt schreibt. Die im Aufruf genannten Variablen können auch von unterschiedlichem Typ sein. Ihre Werte werden über Tastatur nacheinander in der Reihenfolge der Nennung geschrieben und durch Leerzeichen voneinander getrennt.

Man kann die Prozeduren Read und Readln auch ohne die Angabe von Variablen aufrufen. Steht an einer Stelle des Programms der Aufruf

```
Readln;
```

dann wird an dieser Stelle der Bearbeitungsablauf unterbrochen, bis die Returntaste gedrückt wird.

4.4.2.2 Ausgabeanweisung

Die Werte von Variablen oder von Termen lassen sich mit der Write-Prozedur an ein Ausgabegerät wie Bildschirm, Drucker oder Diskettenlaufwerk geben.

Mit dem Aufruf

```
Write (Name);
```

wird der aktuelle Wert der Variablen Name auf dem Bildschirm ausgegeben. Wünscht man die Ausgabe über den Drucker, dann muß man seine Adresse Lst zusätzlich im Aufruf nennen:

```
Write (Lst,Name);
```

Die Ausgabe auf dem Bildschirm beginnt an der Stelle, an der der Cursor steht. Hat Name den Wert 'Turbo', dann werden die fünf Buchstaben ohne die Hochkommata geschrieben, der Cursor steht an der Stelle rechts vom o:

```
Turbo_
```

Man kann auch konstante Zahlen oder Zeichenketten an die Write-Prozedur übergeben, auch Terme aus Konstanten, Variablen und Funktionsaufrufen sind zugelassen. Vor der Ausgabe wird dann der Wert des im Aufruf genannten Terms ausgerechnet. Sollen mehrere Werte ausgegeben werden, kann man sie in einen Aufruf durch Kommata getrennt schreiben.

Beispiel:

```
Write(Name,'␣Pascal␣',Text);
```

Hat Text den Wert 'macht Spaß!', dann erscheint auf dem Bildschirm

```
Turbo Pascal macht Spaß!_
```

Das gleiche leistet die Ausgabeanweisung Writeln (von Write Line), doch steht der Cursor anschließend nicht hinter dem letzten Zeichen, sondern am Anfang der nächsten Zeile. Mit dem Aufruf

```
Writeln;
```

ohne Übergabe eines Wertes kann man eine Leerzeile schreiben.

Beim Schreiben der Ausgabeanweisung muß man beachten, daß auch Leerzeichen des Textes (in Hochkommata eingeschlossen) explizit als Textkonstanten geschrieben werden müssen. Hat T den Wert 'Turbo' und P den Wert 'Pascal', dann liefert die Anweisung

```
Writeln (T,' ', P);
```

die Ausgabe

```
         Turbo Pascal

         _
```

Die Ausgabe auf dem Bildschirm und mit dem Drucker läßt sich formatieren, d. h. auf einen gewünschten Platz in der Zeile bringen. Man gibt ihn in der Ausgabeanweisung nach dem Wert mit einem Doppelpunkt : an, wieviel Stellen die Ausgabe einnehmen soll. Mit

Write(T:15,P:7);

ergibt sich das Schirmbild

```
                      Turbo Pascal_
```

Der Wert wird rechtsbündig in den verfügbaren Platz geschrieben.

Die Formatangabe ist besonders wichtig, wenn man Zahlen untereinander anordnen will. Bei Ganzzahlen wird wie bei Texten eine Stellenanzahl angegeben, bei Kommazahlen braucht man zwei Formatangaben: Die erste Zahl gibt an, wieviel Stellen insgesamt zum Schreiben frei sind, die zweite gibt die Anzahl der Nachkommastellen an. Hat Preis den Wert 19.90, dann liefert der Aufruf

Write ('Preis:',Preis:10:2,' DM');

das Schirmbild

```
         Preis:         19.90 DM_
```

Die Formatierungsmöglichkeiten sollte der Benutzer ausschöpfen, um die Ausgabe auf dem Bildschirm ansprechend und übersichtlich zu gestalten.

4.4.2.3 Standardprozeduren

Die folgenden Standardprozeduren von Turbo Pascal lassen sich für die Bildschirmgestaltung und für den Programmablauf einsetzen:

4.4.2.3.1 ClrScr (Clear Screen)

Der Aufruf ClrScr löscht den Bildschirm und setzt den Cursor an den Anfangspunkt oben links.

4.4.2.3.2 ClrEoL (Clear End of Line)
Der Aufruf ClrEoL löscht alle Zeichen der Zeile rechts vom Cursor.

4.4.2.3.3 GotoXY
Der Aufruf GotoXY (XWert, YWert) erfordert zwei Parameter vom Typ Integer oder Byte und setzt den Cursor auf die Position, die mit XWert (Spaltennummer 1..80) und YWert (Zeilennummer 1..24) angegeben ist.

4.4.2.3.4 Delay
Der Aufruf Delay (Pause) erfordert einen Parameter vom Typ Integer oder Byte und bewirkt eine Pause im Programmablauf, deren Dauer (in ms) von Pause festgelegt ist.

4.4.3 Sprunganweisung Goto

Beim Ablauf eines Programms werden die Anweisungen sequentiell bearbeitet, wenn nicht eine Abweichung von der Reihenfolge einprogrammiert wird (s. Kapitel 6). Die Anweisung

```
Goto Labelwert;
```

bewirkt beim Programmablauf einen Sprung zum angegebenen Label, der vorher deklariert sein muß (s. Abschnitt 4.2.3).
Ein Sprung mit Goto zu einem Label ist nur innerhalb eines Programmblocks möglich. Mit dieser Anweisung kann man also nicht aus einer Prozedur heraus zu einem Label des aufrufenden Programms springen.

4.5 Kommentare

Mit den bisher eingeführten Anweisungen lassen sich schon einfache Programme schreiben. Auch wenn sie noch kurz und übersichtlich sind, sollte man die Programme schon durch Kommentare ergänzen, damit sie auch von anderen gelesen und verstanden werden können. Und der Verfasser eines Programms ist nach längerer Zeit ganz froh, wenn Kommentare ihn darauf hinweisen, was das Programm bewirkt und wie es aufgebaut ist.
Ein Kommentar wird durch Einschließen in geschweifte Klammern oder (wie durchgängig in diesem Buch) in Doppelzeichen aus runden Klammern und Stern kenntlich gemacht.

Beispiele für Kommentare:

Name: String(.24.); (* nimmt den Namen auf *)
ClrScr; (* löscht den Bildschirm *)

Hinweis: Man sollte nach (* und vor *) ein Leerzeichen setzen, damit der Kommentar nicht als Anweisung (Direktive) für Compiler oder Hilfsprogramme interpretiert wird. Solche Direktiven werden nämlich wie Kommentare in (* und *) eingeschlossen (s. Abschnitt 9.4).

Kommentare werden bei der Bearbeitung eines Programms einfach übersprungen, sie haben keine Wirkung auf die Abfolge beim Programmablauf. Man kann sie an beliebiger Stelle einsetzen; sie trennen auch Bezeichner und andere Sprachelemente. Wenn man hinreichend Kommentare einfügt, dann braucht man keine weiteren Erläuterungen zum Programm. Das zeigen die beiden Beispielprogramme in Abschnitt 4.6.

4.6 Starten des Programmablaufs

Mit den beschriebenen einfachen Anweisungen können Sie schon kleine eigene Programme schreiben. Wie Sie dabei vorgehen, ist schon in den Einzelheiten beschrieben worden und braucht nur noch einmal stichwortartig zusammengefaßt zu werden:

1. Betriebssystem CP/M starten (s. Abschnitt 1.1),
2. Sprachsystem mit TURBO aufrufen (s. Abschnitt 2.1),
3. Editor mit E aufrufen (s. Abschnitt 2.2.4).

Beispiel für ein Schirmbild nach Eingabe des Kommandos:

```
>E
Work file name:_
```

Sie geben nun einen Filenamen für Ihr Programm ein und können dann im Editor zu schreiben beginnen (s. Abschnitt 2.3). Ist das Programm fertig geschrieben, verlassen Sie den Editor mit Ctrl-K Ctrl-D und gehen zurück in die Kommandoebene von Turbo Pascal. Nun können Sie mit dem Kommando C den Compiler aufrufen, der das Programm auf syntaktische Fehler hin untersucht und in Maschinencode übersetzt. Findet der Compiler einen Fehler, dann gibt er auf dem Bildschirm eine Fehlermeldung aus. Mit der Taste ESC gelangen Sie automatisch in den Editor, der Cursor steht an der fehlerhaften Stelle.

Ist das Programm schließlich frei von syntaktischen Fehlern, dann können Sie es mit dem Kommando R starten. Vorher sollten Sie es mit dem Kommando S auf der Diskette abspeichern.

Um Ihnen Anregungen für eigene Programme zu geben und um zu zeigen, wie man Programme durch eingefügte Kommentare besser lesbar machen kann, werden zwei Beispielprogramme abgedruckt. Sie wurden mit dem Hilfsprogramm TLIST gedruckt, die reservierten Wörter sind dabei unterstrichen worden.

Das folgende Programm Anfang soll zeigen, wie ein Programm aus Programmkopf, Deklarationsteil und Anweisungsteil aufgebaut ist. Der Anweisungsteil enthält nur Eingabe- und Ausgabeanweisungen.

```
Program Anfang;
(* Begrüßung des Benutzers im Sprachsystem *)
Var Name:String(.20.);
 (* Variable zur Aufnahme des Benutzernamens *)
Begin   (* Beginn des Anweisungsteils *)
ClrScr; (* Löscht den Bildschirm *)
Writeln('Willkommen in Turbo-Pascal !':40);
Writeln('----------------------------':40);
Writeln;  (* Liefert Leerzeile *)
Write('Bitte geben Sie Ihren Namen ein: ');
Readln(Name);
    (* PC nimmt den Namen auf *)
Writeln;  (* Leerzeile *)
Writeln('Sie werden sehen, ',Name,',');
Writeln('daß Turbo-Pascal leicht zu erlernen');
Writeln('und vielseitig anzuwenden ist.');
Writeln;   (* Leerzeile *)
Writeln('Und nun, ',Name,' , guten Start !!');
Read; (* Mit dem Drücken einer Taste endet die
         Bearbeitung des Programm, es meldet
         sich wieder das Sprachsystem mit  > *)
End. (* Abschluß des Programms *)
```

An diesem einfachen Beispiel läßt sich schon erkennen, daß eingefügte Kommentare die Lesbarkeit verbessern.

Das folgende Beispielprogramm läßt sich zur Codierung einsetzen. Es liefert für ein eingegebenes Zeichen die Ordnungszahl und umgekehrt. Damit können Sie z. B. die Codes der Steuerzeichen ermitteln, die Sie von der Tastatur aus eingeben. Diese Codes werden z. B. dann benötigt, wenn Sie den Cursor auf dem Bildschirm vom Programm aus steuern wollen. Die Programmbeispiele der folgenden Abschnitte enthalten die Steuercodes des Alphatronic PC. Durch welche Codes sie bei Ihrem PC zu ersetzen sind, können Sie mit dem folgenden Programm ermitteln.

```
Program Codierung_Decodierung;
(* im American Standard Code for Information Interchange *)
Var Ordnungszahl:Byte;
    Zeichen:Char;
Begin ClrScr; (* löscht den Bildschirm *)
  Writeln('Codierung von Zeichen');
  Writeln('---------------------');
  Writeln('A',Ord('A'):7);
  Writeln('Z',Ord('Z'):7);
  Writeln('a',Ord('a'):7);
  Write('Geben Sie selbst ein Zeichen ein: ');
  Readln(Zeichen);  (* Eingabe eines Zeichens *)
  Writeln(Zeichen,Ord(Zeichen):7);
  Write('Noch ein Zeichen: ');Readln(Zeichen);
  Writeln(Zeichen,Ord(Zeichen):7);
  Writeln;  (* Leerzeile *)
  Writeln('Decodierung der Ordnungszahl');
  Writeln('----------------------------');
  Writeln(' 67',Chr(67):5);
  Writeln('$4F',Chr($4F):5);
  Writeln(' 68',#68:5);
  Writeln('$45',#$45:5);
  Write('Geben Sie eine Ordnungszahl ein: ');
  Readln(Ordnungszahl);
  Writeln(Ordnungszahl:3,Chr(Ordnungszahl):5);
  Write('Noch eine Ordnungszahl: ');Readln(Ordnungszahl);
  Writeln(Ordnungszahl:3,Chr(Ordnungszahl):5);Writeln;
  Writeln('Drücken Sie eine beliebige Taste,');
  Writeln('dann können Sie mit R das Programm neu starten.');
  Read;  (* Druck einer Taste beendet und
            bewirkt Rückkehr ins Sprachsystem *)
End.  (* Programmende *)
```

Das Programm enthält die unterschiedlichen Schreibweisen, die in Kapitel 3 für Zahlen und für Zeichen eingeführt wurden. Die Wiederholung ist im Programm fest vorgegeben, sie kann nicht vom Benutzer gesteuert werden. Der Wunsch nach benutzergesteuerter Wiederholung legt die Einführung geeigneter Steuerstrukturen nahe. Mit der Wiederholungssteuerung, die in Abschnitt 6.3 eingeführt wird, können Sie das Programm ergänzen.

In den folgenden Abschnitten werden die Datentypen und die Steuerstrukturen von Turbo Pascal entwickelt, ohne daß jeweils vollständige Programme angegeben sind. Sie sollten die entwickelten Programmteile jeweils in ein lauffähiges Programm einbinden, um mit den Sprachelementen vertraut zu werden und um Sicherheit in der Syntax zu gewinnen.

Wie Ihre Programme aussehen können, sollen die beiden kleinen Beispielprogramme zeigen. Sie können sich auch an zwei umfangreicheren Programmen orientieren, die vollständig abgedruckt werden. Der Abschnitt 6.6 enthält ein Programm, mit dem sich einfache Texte bearbeiten lassen, und der Abschnitt 7.4.4 ein Programm zur Verwaltung einer Datenbank.

5 Einfache Datentypen

Im Deklarationsteil eines Programms muß jede Variable, die im Anweisungsteil vorkommt, mit Namen und Typ festgelegt werden (s. Abschnitt 4.2). Der angegebene Typ gibt die Menge der Werte an, die man der Variablen zuweisen kann.

Turbo Pascal stellt dem Benutzer die Datentypen, die viel gebraucht werden, standardmäßig zur Verfügung. Zu den Standardtypen gehören die Zahlentypen Byte, Integer und Real, der Wahrheitswerttyp Boolean und die Typen Char für Zeichen und String für Zeichenketten. Für jeden der Standardtypen werden geeignete Operatoren und Funktionen von der Sprache her bereitgestellt. Wie man mit den Standardtypen umzugehen hat und wie man die Verarbeitung programmiert, soll in den ersten Abschnitten beschrieben werden.

Über die Standardtypen hinaus kann der Benutzer weitere Typen selbst definieren. Damit kann er sich Typen herstellen, die seinem Problem optimal angepaßt sind. Wie man neue einfache Typen definiert, wird in Abschnitt 5.3 gezeigt. Die Definition strukturierter Datentypen und der Umgang mit ihnen wird in Kapitel 7 beschrieben.

Anregung: Sie können zu den folgenden Beschreibungen kleine Programme schreiben, mit denen Sie die Eigenschaften der Standardtypen und die Wirkungen der Operationen selbst testen. Dadurch werden Sie schneller mit ihrem Einsatz vertraut. An einigen Stellen werden Hinweise zu Erprobungsprogrammen gegeben.

5.1 Standardtypen in Turbo Pascal

Die Namen der Standardtypen können Sie bei der Deklaration von Variablen verwenden, ohne sie vorher definieren zu müssen.

5.1.1 Zahlentypen

Bei Zahlenvariablen ist zu unterscheiden, ob ihnen ganze Zahlen oder Kommazahlen zugewiesen werden sollen. Damit wird der unterschiedlichen internen Verarbeitung Rechnung getragen, und man spart Speicherplatz: Für Kommazahlen (Typ Real) braucht man 6 Byte, für ganze Zahlen (Typ Integer) nur 2 Byte. Um den Speicherplatz noch ökonomischer verwalten zu können, führt Turbo Pascal für eine Teilmenge der ganzen Zahlen den Typ Byte ein. Wie der Name aussagt, benötigt man für Variablen dieses Typs nur ein Byte Speicherplatz.

5.1.1.1 Typ Byte

Der Typ Byte definiert die Teilmenge 0 ... 255 der ganzen Zahlen. Bei der Zuweisung eines Wertes außerhalb dieses Bereichs erfolgt eine Fehlermeldung. Tritt bei arithmetischen Operationen ein Überlauf ein, wird er nicht entdeckt.

5.1.1.2 Typ Integer

Der Typ Integer definiert die Teilmenge der ganzen Zahlen von − 32768 bis 32767.

Bei arithmetischen Operationen wird ein Überlauf nicht entdeckt. Auch Teilergebnisse von Berechnungen müssen innerhalb des Bereichs liegen.

Da der Typ Byte ein Teilbereich des Typs Integer ist, lassen sich auf beide Typen die gleichen Operationen anwenden. Variablen der beiden Typen können in Termen gemischt vorkommen und sich gegenseitig ersetzen.

5.1.1.3 Typ Real

Der Typ Real definiert die Teilmenge der reellen Zahlen, die in der Normaldarstellung (Beispiel: 0.72351965328E-02) eine Mantisse mit 11 signifikanten Ziffern und einen Exponenten zwischen − 38 und + 38 haben. Die kleinste Zahl ist 0.00000000000E-38 und die größte 0.99999999999E+38.

Tritt bei einer arithmetischen Operation ein Überlauf auf, wird der Programmablauf mit einer Fehlermeldung abgebrochen.

Der Typ Real gehört als einziger der Standardtypen nicht zu den skalaren Typen, das bedeutet eine Einschränkung in der Anwendung: Man darf keine Variablen dieses Typs einsetzen, wo es auf die Anordnung ankommt, z. B. in den Funktionen Pred oder Succ (s. Abschnitt 5.4). Auch zur Indizierung bei strukturierten Datentypen darf keine Real-Variable verwendet werden.

5.1.2 Wahrheitswerttyp Boolean

Der Typ Boolean definiert die Menge der beiden Wahrheitswerte False und True.
Er gehört zu den skalaren Typen, die Anordnung ist so festgelegt, daß True < False gilt. Für Variablen vom Typ Boolean wird im Speicher 1 Byte benötigt.

5.1.3 Texttypen

Für die Bearbeitung von Texten stehen zwei Typen zur Verfügung, der Typ Char für einzelne Zeichen und der Typ String für Zeichenketten.

5.1.3.1 Typ Char

Der Typ Char definiert die Menge der in Turbo Pascal verfügbaren Zeichen (s. Abschnitt 3.1).
Die Anordnung der Zeichen ergibt sich aus der Codierung (s. Abschnitt 3.2) und ist durch die Ordnungszahl festgelegt. Jedes Zeichen erfordert im Speicher 1 Byte.

5.1.3.2 Typ String

Der Typ String ist im Gegensatz zu den bisher eingeführten kein einfacher Datentyp. Er definiert die Menge der Ketten, die sich aus der in Turbo Pascal verfügbaren Zeichen (Typ Char) herstellen lassen. Die Anzahl der Zeichen kann zwischen 0 (Leerstring) und 255 betragen.
Bei der Deklaration von Variablen vom Typ String ist die Anzahl der Zeichen, die von der Variablen maximal aufgenommen werden können, in eckigen Klammern bzw. in (. und .) anzufügen:
Beispiele für Stringdeklarationen:

```
Var Name:String(.16.);
    PLZ:String(.4.);
    Ort:String(.20.);
```

Mit der Angabe der maximalen Länge wird der Speicherplatzbedarf festgelegt, er beträgt ein Byte pro Zeichen. Die aktuelle Länge des Strings wird auf dem ersten Platz (Platznummer 0) gespeichert und kann bei Operationen verwendet werden. Wie sich die maximale Länge auf die Wertzuweisung auswirkt, wird in Abschnitt 4.4 beschrieben.

5.2 Operationen auf Standardtypen

Zu jedem Typ gehört eine Menge von Operationen, die darauf angewendet werden können. Welche Operatoren und welche Funktionen Turbo Pascal für die Standardtypen bereitstellt und was bei ihrer Verwendung zu beachten ist, wird nun dargestellt. Als Operanden können Konstanten, Variablen, Terme oder Funktionsaufrufe eingesetzt werden, die vom jeweils zulässigen Typ sind.

5.2.1 Zahlenverarbeitung

Für die Verarbeitung von Zahlen verwendet Turbo Pascal weitgehend die Schreibweise, die Ihnen aus der Mathematik vertraut ist. Die Beschreibung der Operationen kann sich daher kurz fassen und braucht nur auf Abweichungen gegenüber mathematischer Verwendung näher einzugehen.

5.2.1.1 Arithmetische Operatoren

Das Minuszeichen wird als einstelliger Operator wie gewohnt eingesetzt: Der Wert von (– Zahl) hat das entgegengesetzte Vorzeichen wie der Wert von Zahl.

Zweistellige Operatoren verknüpfen je zwei Operanden zu einem Ergebnis, z. B. der Operator * die beiden Faktoren zu einem Produkt. In Turbo Pascal stehen die Operatoren +, –, * und / der vier Grundrechenarten für alle Zahlentypen zur Verfügung. Darüber hinaus gibt es für Operanden vom Typ Ganzzahl (Integer und Byte) die Ganzzahldivision mit dem Operator <u>div</u>. A <u>div</u> B gibt an, wie oft B in A enthalten ist. Der bei der Ganzzahldivision entstehende Rest wird mit dem Operator <u>mod</u> ausgegeben.

Beispiele für die Ganzzahldivision:

100 div 12 = 8 100 mod 12 = 4
12 div 100 = 0 12 mod 100 = 12

Anmerkung: Die Operatornamen div und mod gehören zu den reservierten Wörtern, dürfen daher nicht anders verwendet werden. Das gleiche gilt für alle folgenden Operatorbezeichnungen.

Die folgende Tabelle zeigt die arithmetischen Operatoren und den Typ der jeweiligen Ergebnisse in Abhängigkeit von den Operandentypen. Die Ergebnisse der Grundrechenarten Addition, Subtraktion und Multiplikation sind vom Typ Integer (oder Byte), wenn beide Operanden vom Typ Integer (oder Byte) sind. Ist einer der Operanden vom Typ Real, dann auch das Ergebnis. Bei der Division mit / ist das Ergebnis in jedem Fall vom Typ Real.

Stufe	Operation	Operanden-typ	Operator	Ergebnis	Ergebnistyp
1	Addition	Integer/Real	+	Summe	Integer/Real
	Subtraktion	Integer/Real	–	Differenz	Integer/Real
2	Multi-plikation	Integer/Real	*	Produkt	Integer/Real
	Division	Integer/Real	/	Quotient	Real
	Ganzzahl-division	Integer	div	Enthal-tensanzahl	Integer
	Mod-Operation	Integer	mod	Divisions-rest	Integer

Für ein Programm zum Testen der arithmetischen Operatoren im Bereich des Datentyps Byte können Sie den folgenden Abschnitt verwenden:

```
Begin ClrScr;
  Writeln('Zahlentypen und arithmetische Operationen');
  Writeln('-----------------------------------------');
  Writeln;Writeln('Erster Typ: Byte  (Ganzzahl aus 0..255)');
  Writeln('---------':18);
  Writeln('Bitte geben Sie zwei Zahlen vom Typ Byte ein.');
  Writeln;
  Write('1. Zahl: ');Readln(M);
  Write('2. Zahl: ');Readln(N);
  Writeln;
```

```
Writeln(M:12,' + ',N:3,' = ',M+N:4);
Writeln(M:12,' - ',N:3,' = ',M-N:4);
Writeln(M:12,' * ',N:3,' = ',M*N:4);
Writeln(M:12,' / ',N:3,' = ',M/N:6:2);
Writeln;
Writeln('Was beobachten Sie, wenn Sie bei der Eingabe');
Writeln('den Bereich  0..255  überschreiten?');Writeln;
```

Einen Operator für die dritte Stufe, das Potenzieren, stellt Turbo Pascal nicht zur Verfügung. Soll eine Potenz berechnet werden, geht man auf mehrfaches Multiplizieren zurück oder verwendet die Funktionen Exp und Ln (s. Abschnitt 5.2.1.3).

Anmerkung: Turbo Pascal bietet weitere Operatoren für Ganzzahlen an, die sich auf die Codierung der Zahlen als Bitmuster beziehen. Diese sind in Abschnitt 5.4.3 aufgeführt.

5.2.1.2 Arithmetische Terme

Die Ergebnisse der Operationen wie A * B oder A mod B sind Sonderfälle arithmetischer Terme. Allgemein werden in einem Term Operanden (Kostanten, Variablen, Terme und Funktionsaufrufe) mit Hilfe von Operatoren und unter Verwendung von Klammern zu einem Ergebnis verknüpft.

Beispiele für arithmetische Terme:

(a+1)*(a–1)
4/3*Pi*r*r*r
((T+e)/(r–m))*e

Solche Terme können z. B. auf der rechten Seite einer Wertzuweisung (s. Abschnitt 4.4.1) stehen oder als Parameter an Prozeduren oder Funktionen übergeben werden.

Wie ein Term geschrieben wird und wie sein Wert auszurechnen ist, richtet sich in Turbo Pascal genau nach den Regeln der Mathematik, die man kurz folgendermaßen formulieren kann:

1. Was in Klammern steht, wird vorrangig berechnet.
2. Punktrechnung (Stufe 2 der Tabelle) geht vor Strichrechnung (Stufe 1).

Mit Hilfe von Klammern läßt sich jeder Term so schreiben, daß er eindeutig zu berechnen ist.

5.2.1.3 Mathematische Funktionen

Funktionen werden in Turbo Pascal wie in der Mathematik geschrieben und verwendet. An den Funktionsnamen können (in runden Klammern) Argumente angefügt werden.
Beispiele für Funktionen:

Sin(Winkel)	ruft den Sinuswert des Winkels auf.
SqRt(Radikand)	ruft die Quadratwurzel (Squareroot) auf.

Wird die Funktion beim Ablauf des Programms mit Namen und Argument aufgerufen, dann wird der Wert der Funktion, der sich für den aktuellen Wert des Arguments ergibt, intern berechnet und an die Stelle des Aufrufs gesetzt.
Die folgende Tabelle enthält die in Turbo Pascal verfügbaren Standardfunktionen mit Zahlenargumenten. Wie der Benutzer sich weitere Funktionen selbst definieren kann, wird in Abschnitt 6.5 beschrieben.

Funktionsname	Argumenttyp	Wertetyp	Funktionswert
Abs	Integer/Real	Integer/Real	Absolutwert
ArcTan	Integer/Real	Real	Arcustangenswert
Cos	Integer/Real	Real	Kosinuswert
Exp	Integer/Real	Real	Potenzwert zur Basis e
Frac	Integer/Real	Real	Nachkommaanteil
Int	Integer/Real	Real	Ganzzahliger Anteil
Ln	Integer/Real	Real	natürlicher Logarithmus
Odd	Integer	Boolean	wahr, wenn ungerade
Pred	Integer	Integer	Vorgänger
Round	Real	Integer	gerundeter Wert
Sin	Integer/Real	Real	Sinuswert
Sqr	Integer/Real	Integer/Real	Quadratzahl
SqRt	Integer/Real	Real	Quadratwurzel
Succ	Integer	Integer	Nachfolger
Trunc	Real	Integer	Ganzzahliger Anteil

Anmerkung: Die Winkelwerte für die trigonometrischen Funktionen Sin und Cos werden in Winkelmaß eingegeben.

5.2.2 Wahrheitswertverarbeitung

Wahrheitswerte kommen z. B. in Bedingungen vor, von denen der weitere Programmablauf abhängt (s. Kapitel 6). Aussagen wie X < 0 oder Name = Turbo Pascal haben entweder den Wert False oder den Wert True. Einfache Aussagen lassen sich (wie andere Boolesche Terme) mit logischen Operatoren verknüpfen, man erhält zusammengesetzte Aussagen. Welchen Wahrheitswert eine zusammengesetzte Bedingung hat, ergibt sich aus der Definition der Operatoren.

5.2.2.1 Logische Operatoren

Als einstelliger Operator für Operanden (Konstanten, Variablen, Terme, Funktionsaufrufe) vom Typ Boolean wird not verwendet: not X hat den entgegengesetzten Wahrheitswert wie X.

Zweistellige logische Operatoren verknüpfen zwei Operanden vom Typ Boolean zu einem Ergebnis, das auch wieder ein Wahrheitswert ist.

Die folgende Tabelle führt die in Turbo Pascal verfügbaren logischen Operatoren auf. Neben den bekannten Operationen Konjunktion (Und-Verknüpfung) und Adjunktion (einschließendes Oder) steht auch das ausschließende Oder zur Verfügung. Da die beiden Operanden X und Y jeweils nur zwei Werte annehmen können, gibt es nur 4 Kombinationsmöglichkeiten. Die Tabelle definiert somit die logischen Operationen vollständig.

Operanden		Konjunktion	Inklusives Oder	Exklusives Oder
X	Y	X and Y	X or Y	X xor Y
False	False	False	False	False
False	True	False	True	True
True	False	False	True	True
True	True	True	True	False

Die Operatorenbezeichner and, or und xor gehören zu den reservierten Wörtern.

Wenn Sie die Booleschen Operatoren in einem Programm testen wollen, stellt sich ein Problem: Man kann die Wahrheitswerte False und True nicht über Tastatur eingeben. Wie Sie die Schwierigkeit umgehen können, zeigt der folgende Programmausschnitt:

```
Anfang1:ClrScr;
Writeln('Verknüpfung von Wahrheitswerten');
Writeln('-------------------------------');
Writeln;
Writeln('Geben Sie bitte die Wahrheitswerte ein, die mit');
Writeln('den logischen Operatoren verknüpft werden sollen.');
Writeln('Geben Sie T für True und F für False ein.');
Writeln;
Writeln('1.Operand  2.Operand     .. and ..  .. or .. ..xor..');
Writeln('----------------------------------------------------');
Write('     ');Read(Z);
If Z='T' then W1:=True else W1:=False;
Write('          ');Read(Z);
If Z='T' then W2:=True else W2:=False;
Writeln(W1 and W2:16,W1 or W2:9,W1 xor W2:9);
Write('Noch ein Wert? (J/N) ');Readln(Antwort);
If Antwort<>'N' then Goto Anfang1;
```

5.2.2.2 Boolesche Terme

Mit den logischen Operatoren und mit Klammern lassen sich Boolesche Terme bilden. Für die Berechnung eines Terms, d.h. für die Ermittlung seines Wahrheitswertes, gilt in Analogie zur Berechnung arithmetischer Terme:

1. Was in Klammern steht, wird vorrangig berechnet.
2. Die Und-Verknüpfung hat Vorrang vor den Oder-Verknüpfungen.

Beispiele für Boolesche Terme:

W or (X and Y xor Z)
(B xor 0) and ((0 or L) and E)

Sie sollten die Werte dieser Terme einmal für vorgegebene Belegungen der Operanden berechnen (oder berechnen lassen).

5.2.2.3 Boolesche Funktionen

Wenn eine Funktion True oder False als Funktionswert liefert, bezeichnet man sie als Boolesche Funktion. Dabei spielt keine Rolle, von welchem Typ die Argumente sind oder ob überhaupt ein Argument erforderlich ist.

Ein Beispiel für eine Boolesche Funktion ist die Odd-Funktion, die für eine ganze Zahl ausgibt, ob sie ungerade ist. Ruft man Odd(Zahl) auf, so wird True geliefert, wenn der aktuelle Wert von Zahl ungerade ist.

Ein Beispiel für eine Boolesche Funktion, die kein Argument erfordert, ist Keypressed. Sie liefert den Wert True, wenn eine Taste der Tastatur gedrückt wurde. Mit dieser Funktion läßt sich die Eingabe über Tastatur steuern.

5.2.3 Zeichenkettenverarbeitung

Die Verarbeitung von Zeichenketten braucht man immer dort, wo Texte bearbeitet werden sollen, also z. B. im Editor. Auf Textbearbeitung soll in Kapitel 8 ausführlicher eingegangen werden, daher wird hier nur kurz beschrieben, welche Operatoren und Funktionen für Zeichen und Zeichenketten zur Verfügung stehen.

5.2.3.1 Stringoperatoren

Will man zwei Operanden vom Typ String (oder Char) miteinander zu einem Gesamtstring verketten, so läßt sich in Turbo Pascal der Operator + einsetzen.

Beispiele für die Verkettung:

'T'+'u'+'r'+'b'+'o' liefert 'Turbo'.
'Turbo'+'+'Pascal' liefert 'Turbo Pascal'.
Anrede+' '+Name liefert 'Herr Schmidt', wenn Anrede den Wert 'Herr' und Name den Wert 'Schmidt' hat.

Es sei daran erinnert, daß Stringkonstanten in Hochkommata eingeschlossen werden, um sie von anderen Sprachelementen zu unterscheiden.

5.2.3.2 Stringfunktionen

Eine Verkettung von Zeichenketten läßt sich auch durch die Funktion Concat erreichen. Sie und weitere Standardfunktionen für Strings sollen kurz beschrieben werden:

5.2.3.2.1 Concat

Der Aufruf Concat(Str1,Str2,...,Strn) liefert den Gesamtstring, der durch Verkettung der n Argumente (vom Typ String oder Char) entsteht.

Beispiel:

> Concat(A,B,C,B,D,B,E) liefert den Wert 'Der Turbo-Compiler arbeitet schnell', wenn A den Wert 'Der', C den Wert 'Turbo-Compiler', B den Wert ' ', D den Wert 'arbeitet' und E den Wert 'schnell' haben.

Der Funktionswert ist vom Typ String.

5.2.3.2.2 Copy

Der Aufruf Copy(Str,Position,Anzahl) liefert eine Teilkette aus der Kette, die als Wert vom Argument Str übergeben wird. Mit Position wird die Stelle des ersten Zeichens der Teilkette und mit Anzahl ihrer Länge übergeben.
Beispiel:

> Wenn S den Wert 'Turbo Pascal macht Spaß!', Pos den Wert 15 und n den Wert 4 haben, dann liefert Copy(S,Pos,n) den Wert 'acht' und Copy(S,6,1) den Wert ' '.

Der Funktionswert ist vom Typ String.

5.2.3.2.3 Length

Der Aufruf Length(Kette) liefert die Anzahl der Zeichen im Wert von Kette.
Beispiel:

> Hat Name den Wert 'Schmidt, Peter', dann liefert Length(Name) den Wert 14.

Der Funktionswert ist vom Typ Integer.

5.2.3.2.4 Pos

Der Aufruf Pos(Teil,Kette) liefert die Position des ersten Zeichens von Teil in Kette (beide vom Typ String). Man kann damit einen String durchsuchen und ermitteln, an welcher Stelle der Teilstring darin zum ersten Mal vorkommt. Kommt der Teilstring nicht vor, liefert Pos den Wert 0.
Beispiel:

> Hat Satz den Wert 'Der Turbo Editor unterstützt den Benutzer optimal', dann liefert Pos('Turbo',Satz) den Wert 5 und Pos('D', Satz) den Wert 1.

Der Funktionswert ist vom Typ Integer.

Wie sich die beschriebenen Funktionen für die Erstellung eines Programms zur Textverarbeitung einsetzen lassen, wird in Kapitel 8 gezeigt. Als Beispiele für Funktionen, an die einzelne Zeichen übergeben werden, seien Ord und UpCase genannt.

5.2.3.2.5 Ord

Der Aufruf Ord(Zeichen) liefert die Ordnungszahl des Zeichens (s. Abschnitt 3.2).

5.2.3.2.6 UpCase

Der Aufruf UpCase(Buchstabe) liefert zu einem Buchstaben den Großbuchstaben. Wenn es zum übergebenen Zeichen kein großgeschriebenes gibt, wird das Zeichen unverändert ausgegeben. Diese Funktion läßt sich z. B. in Abfragen einsetzen, um Eingaben abzufangen, die klein geschrieben wurden.

5.3 Benutzerdefinierte Datentypen

Den Standardtypen von Turbo Pascal kann der Benutzer weitere Datentypen hinzufügen. Zum einen kann er mit den Typenkonstruktionen wie Array oder Record, die in Kapitel 7 besprochen werden, strukturierte Datentypen definieren. Er kann weitere einfache Datentypen einführen, indem er sie als Wertemengen angibt. Das kann durch Auflisten oder durch die Abgrenzung einer Teilmenge aus einem schon definierten skalaren Typ geschehen.

5.3.1 Definition durch Auflisten

Im Deklarationsteil seines Programms kann der Benutzer einen neuen Typ definieren, indem er die Menge der Werte angibt, die Variablen dieses Typs zugewiesen werden dürfen. Einer Typdefinition muß das reservierte Wort Type vorangestellt werden.

Beispiele für Typdefinitionen durch Auflisten:

```
Type Wochentag=(Mo,Di,Mi,Dn,Fr,Sa,So);
     Monat=(Jan,Feb,Mrz,Apr,Mai,Jun,Jul,Aug,Spt,Okt,Nov,Dez)
     Farbe=(rot,gelb,grün)
```

Variablen des Typs Wochentag können die sieben aufgeführten Werte (in dieser Schreibweise) annehmen.

Durch Auflisten definierte Datentypen gehören zu den skalaren Datentypen. Die Anordnung ist durch die Reihenfolge beim Auflisten festgelegt, jedem Element wird eine Ordnungszahl zugeordnet, dem ersten die Ordnungszahl 0 usw. Man kann daher auf diese Datentypen die Vergleichsoperatoren (s. Abschnitt 5.4.1) anwenden. Für den Datentyp Monat gilt: Die Aussagen Apr > Jan und Apr < Jul sind wahr. Auch die Funktionen von Abschnitt 5.4.2 lassen sich auf Datentypen anwenden, die durch Auflisten definiert sind.

5.3.2 Definition durch Abgrenzen

Der Benutzer kann in Turbo Pascal einen neuen Datentyp dadurch definieren, daß er einen Teilbereich eines schon definierten skalaren Datentyps abgrenzt. Eine Variable des so definierten Typs kann nur Werte annehmen, die im abgegrenzten Teilbereich liegen.

Beispiele für Typdefinitionen durch Abgrenzen:

```
Type Tage=1..31;
     Buchstabe='A'..'Z';
     Werktag=Mo..Sa;
```

Zur Definition der Teilmenge der Werte werden nur der niedrigste und der höchste (im Sinne der Anordnung) genannt.

Ein Beispiel für die Definition eines neuen Typs als Teilmenge eines umfassenderen Typs haben Sie schon im Byte kennengelernt. Gäbe es nicht Byte als Standardtyp, dann könnten Sie ihn so definieren:

```
Type Byte=0..255;
```

Das Beispiel Byte zeigt, daß der Teilbereichstyp alle Merkmale des umfassenden Typs beibehält. Insbesondere lassen sich alle Operatoren und Funktionen des umfassenden Typs auf den Teilbereichstyp anwenden.

Anmerkung: Sie sollten das Angebot von Turbo Pascal, eigene Datentypen definieren zu können, in Ihren Programmen nutzen. Zum einen wird die Lesbarkeit der Programme erhöht, zum zweiten sieht Turbo Pascal Kontrollen der Wertzuweisung für die benutzerdefinierten Typen vor (s. Abschnitt 9.4) und schließlich können Sie Speicherplatz sparen: Für Variablen eines neu definierten Typs wird nur 1 Byte benötigt, wenn die Anzahl der Werte nicht größer als 256 ist.

5.4 Weitere Operationen für skalare Datentypen

Für die Standardtypen sind die verfügbaren Operationen und Funktionen in Abschnitt 5.2 dargestellt worden. Turbo Pascal stellt weitere Operatoren und Funktionen bereit, die auf alle skalaren Datentypen anwendbar sind, also auch auf benutzerdefinierte Datentypen. Zum einen sind dies die Vergleichsoperatoren, zum anderen Funktionen, die sich auf die Anordnung beziehen.

Abschließend wird dann eine Besonderheit von Turbo Pascal beschrieben: Der Benutzer kann mit einigen Operatoren auf das Bitmuster von codierten Ganzzahlen zugreifen.

5.4.1 Vergleichsoperatoren

Auf alle skalaren Typen lassen sich die Vergleichsoperatoren <, > und = anwenden. Für den Vergleich von Zahlen sind Ihnen diese Operatoren und auch die durch Doppelzeichen geschriebenen Operatoren <=, >= und < > (ungleich) bekannt. Der Anwendung auf andere skalare Typen liegt zugrunde, daß diese mit Ordnungszahlen durchnumeriert sind. Ein Beispiel dafür ist in Abschnitt 3.2 beschrieben worden: Die in Turbo Pascal verfügbaren Zeichen werden binär codiert, und diese Codierungen werden als Ordnungszahlen gedeutet. Anhand dieser Ordnungszahl können die Zeichen miteinander verglichen werden.

In der folgenden Tabelle der Vergleichsoperatoren sind für die Beispiele verschiedene Datentypen (auch benutzerdefinierte von Abschnitt 5.3.1) gewählt worden. Die beiden Operanden müssen zum gleichen Typ gehören, und das Ergebnis der Verknüpfung ist stets vom Typ Boolean.

Operator	Beispiel	Sprachliche Formulierung	Ergebnis
=	'A'='a'	'A' ist gleich 'a'	False
<	So < Mo	So kommt in der Reihenfolge vor Mo.	False
>	Dez > Jul	Dez kommt nach Jul.	True
<=	0 <= 0	0 ist kleiner als oder gleich 0	True
>=	True >= False	True ist größer als oder gleich False.	False
<>	'Turbo' <> 'Turbo '	'Turbo' ist ungleich 'Turbo '.	True

Das letzte Beispiel zeigt, daß sich die Vergleichsoperatoren auch auf den Stringtyp anwenden lassen. Eine Stringkonstante ist kleiner als eine andere, wenn sie in der alphabetischen (lexikographischen) Reihenfolge vorangeht. Daß im letzten Beispiel der Wert True herauskommt, liegt daran, daß 'Turbo ' ein Zeichen (das Leerzeichen) mehr hat als 'Turbo'.

5.4.2 Funktionen zur Anordnung

Die Anordnung der Elemente bei skalaren Typen bildet die Grundlage für Funktionen, mit denen man auf die Elemente und ihre Ordnungszahlen zugreifen kann. Einige sind schon erwähnt worden, etwa die Funktionen Ord und Chr bei den Zeichen (Abschnitt 3.2) und die Funktionen Pred und Succ bei den Ganzzahlen (Abschnitt 5.2.1.3). Diese Funktionen sind standardmäßig in Turbo Pascal verfügbar und lassen sich auf alle skalaren Typen anwenden.

5.4.2.1 Pred

Der Aufruf Pred(Wert) liefert den Vorgänger von Wert in der Anordnung (wenn ein Vorgänger vorhanden ist).
Beispiel:

Pred('A') liefert '§'.

5.4.2.2 Succ

Der Aufruf Succ(Element) liefert den Nachfolger von Element in der Anordnung (wenn ein Nachfolger vorhanden ist).
Beispiel:

Succ(Mai) liefert Jun.

5.4.2.3 Ord

Der Aufruf Ord(Z) liefert die Ordnungszahl von Z innerhalb des Typs.
Beispiel:

Ord(Mo) liefert 0.

Statt mit Ord kann man die Funktion auch mit Integer schreiben.
Beispiel:

Integer('0') liefert 48.

5.4.2.4 Chr

Der Aufruf Chr(Zahl) liefert das Zeichen, das zur Ordnungszahl Zahl gehört.
Beispiel:

Chr(90) liefert 'Z'.

Diese Funktion ist auf die verfügbaren Zeichen beschränkt.
Für andere Typen läßt sich der Übergang von der Ordnungszahl zum Wert eine andere Funktionsbezeichnung einsetzen, nämlich der Typname. So liefern Monat(4) den Wert Mai und Wochentag(6) den Wert So.

5.4.3 Weitere Operatoren für den Typ Integer

Hinweis: Sie können diesen Abschnitt überschlagen, wenn Sie sich nicht mit Details der Codierung und der Speicherung von Zahlen befassen wollen.
Die folgenden Funktionen beziehen sich auf die Codierung von Integerzahlen in zwei Byte, dem High-Byte und dem Low-Byte (s. Bild 5.1).

	High-Byte	Low-Byte
+32767	01111111	11111111
+255	00000000	11111111
+12	00000000	00001100
+1	00000000	00000001
−1	11111111	11111111
−12	11111111	11110100
−32768	10000000	00000000

Bild 5.1 Beispiele für die Codierung von Integerzahlen.
Das erste Bit vom High-Byte ist das Vorzeichenbit;
negative Zahlen werden im Zweierkomplement dargestellt.

Auf die Bitmuster der codierten Zahlen greifen die Shift-Operatoren, die logischen Operatoren und die Funktionen Hi und Lo zu.

5.4.3.1 *Shift-Operatoren shl und shr*

Mit Zahl shl n werden alle Belegungen mit 1 oder 0 der codierten Zahl um n Bit nach links verschoben. Von rechts her wird jeweils eine 0 nachgeschoben.

Beispiele:

12 shl 2 ergibt 48.
32767 shl 6 ergibt − 64.

Die Operation entspricht einer n-fachen Multiplikation mit 2, wobei das Vorzeichen-Bit zu beachten ist.

Mit Zahl shr n werden alle Bits der Zahl um n Stellen nach rechts verschoben, während von links eine 0 nachfolgt.

Beispiele:

12 shr 2 ergibt 3.
32767 shr 6 ergibt 511.

Die Operation entspricht der n-fachen Ganzzahldivision der Zahl durch 2.

5.4.3.2 *Logische Operatoren not, and, or und xor*

Die logischen Operatoren können auf die Bitbelegungen angewendet werden, wenn man 0 als True und 1 als False interpretiert.

Der Operator not kehrt bei einer Zahl alle 16 Belegungen um, d. h. aus 0 wird 1 und umgekehrt.

Beispiele:

not 0 ergibt − 1.
not 12 ergibt − 13.

Allgemein wird das Vorzeichen der Zahl umgekehrt, der Betrag ergibt sich wie bei der Bildung des Zweierkomplements.

Die zweistelligen logischen Operatoren verknüpfen die entsprechenden Bits der beiden Zahlen nach der Definition in Abschnitt 5.2.2.1.

Beispiele:

12 and 8 = 8	12 or 8 = 12	12 xor 8 = 4
12 and 22 = 4	12 or 22 = 30	12 xor 22 = 26.

5.4.3.3 Funktionen Hi, Low und Swap

Der Aufruf Hi(Zahl) liefert die Zahl, die der Belegung des High-Byte entspricht (s. Bild 5.1).
Der Aufruf Lo(Zahl) liefert die Zahl, die der Belegung des Low-Byte entspricht.
Es ergibt sich als Funktionswert stets eine Zahl im Bereich 0 ... 255.
Beispiele:

Hi(384) liefert 1.	Lo(384) liefert 128.
Hi(− 12) liefert 255.	Lo(− 12) liefert 244.
Hi(− 1) liefert 255.	Lo(− 1) liefert 255.

Der Aufruf Swap(Zahl) liefert die Zahl, die sich durch Vertauschen von High-Byte und Low-Byte in der codierten Zahl ergibt.
Beispiele:

Swap(0) liefert 0.
Swap(1) liefert 512.
Swap(12) liefert 3072.

6 Steuerung des Programmablaufs

Der Anweisungsteil eines Programms enthält eine Folge von Anweisungen, die jeweils durch Semikolon ; voneinander getrennt sind. In Abschnitt 4.4 sind die in Turbo Pascal verfügbaren einfachen Anweisungen betrachtet worden. Nun ist zu zeigen, wie man daraus strukturierte Anweisungen bilden kann, mit denen sich der Ablauf des Programms in Abhängigkeit von Bedingungen steuern läßt.

6.1 Verbundanweisung

Man kann mehrere Anweisungen durch die reservierten Wörter Begin und End zu einer Verbundanweisung zusammenfassen. Das muß immer dann geschehen, wenn an einer Stelle des Programms nach den syntaktischen Regeln nur eine Anweisung erlaubt ist, aber mehrere Anweisungen ausgeführt werden müssen.

Als Beispiel haben Sie schon den Anweisungsteil eines Programms kennengelernt, der durch die Zusammenfassung mit Begin und End als eine einzige Anweisung anzusehen ist.

Ein weiteres Beispiel ist der Dreieckstausch, der die Werte zweier Variablen A und B vertauscht, wenn A>B ist:

```
If A>B then
  Begin H:=A; A:=B; B:=H End
```

In einer Verbundanweisung werden die einzelnen Anweisungen der Reihe nach ausgeführt.

6.2 Verzweigungsanweisungen

Der Ablauf der Bearbeitung kann durch Bedingungen gesteuert werden. Der Dreieckstausch ist ein Beispiel: Die Werte werden nur dann ausgetauscht, wenn die Bedingung A>B wahr ist. Auch bei Sprunganweisungen mit Goto (s. Abschnitt 4.4.3) entscheidet der Wahrheitswert einer Aussage darüber, ob der Sprung zum Label ausgeführt wird.

6.2.2 Alternative (If ... then ... else ...)

Soll der Wahrheitswert einer Bedingung darüber entscheiden, welche von zwei alternativen Anweisungen ausgeführt werden soll, steuert man den Ablauf mit den reservierten Wörtern If, then und else:

```
If Bedingung
    then Anweisung1
    else Anweisung2;
```

Genau eine der beiden Anweisungen wird ausgeführt.

Da es sich bei der Alternative um eine einzige Anweisung handelt, darf vor else kein Semikolon gesetzt werden.

Beispiele für Alternativen:

```
If Alter>18
     then Write('Wahlberechtigt')
     else Write('Noch nicht mündig');
If (Zeile(.1.)<>'#') and (length(Zeile)<80)
     then Abspeichern
     else Menü;
```

Man kann Alternativen ineinanderschachteln:

```
If Bedingung1
    then If Bedingung2
              then Anweisung21
              else If Bedingung3
                        then Anweisung31
                        else Anweisung32
    else Anweisung12;
```

Die Zusammengehörigkeit von Then- und Else-Zweig läßt sich wie im Beispiel durch Einrücken kenntlich machen. Eindeutigkeit der Zuordnung schafft die folgende Regel: Eine Else-Anweisung gehört grundsätzlich zur letzten If-Anweisung, die keinen Else-Zweig hat.

Die bedingte Anweisung läßt sich als Alternative auffassen, deren Else-Zweig eine leere Anweisung enthält.

6.2.3 Fallunterscheidung (Case ... of ...)

In einem Programm kann eine Verzweigung in mehr als zwei Anweisungen vorgesehen werden, man steuert sie mit den reservierten Wörtern Case und of in folgender Form:

```
Case Selektor of
  Wert1:Anweisung1;
  Wert2:Anweisung2;
  Wert3:Anweisung3;
  ...
  Wertn:Anweisungn;
  else Anweisungen
End;
```

Der Selektor ist ein Term von einfachem skalaren Typ (Integer, Byte, Boolean oder Char). Beim Eintritt in die Case-Anweisung wird der aktuelle Wert des Selektors ermittelt und dann der entsprechende Zweig durchlaufen. Ist kein Zweig für den Wert angegeben, dann wird der Else-Zweig durchlaufen, wenn ein solcher vorhanden ist. Fehlt ein Else-Zweig, dann wird nichts ausgeführt.

Eine Fallunterscheidung ist eine Verbundanweisung, die mit Case begonnen und mit End abgeschlossen wird.

Vor einen Zweig kann man (durch Kommata getrennt) mehrere Werte des Selektors schreiben.

Beispiele für Fallunterscheidungen:

```
Case Note of
  1:Write('Sehr gut');
  2:Write('Gut');
  3:Write('Befriedigend');
  4:Write('Ausreichend');
  5:Write('Mangelhaft');
  6:Write('Ungenügend');
End;

Case Punkte of
  1,2,3:Note:=5;
  4,5,6:Note:=4;
  7,8,9:Note:=3;
  10,11,12:Note:=2;
  13,14,15:Note:=1;
  else If Punkte=0
          then Note:=6
          else Writeln('Arbeit nicht gewertet')
End;
```

Eine Fallunterscheidung ist zweckmäßig, wenn der Anwender eines Programms eine Auswahl nach einem Angebot (Menü) treffen kann. Das zeigt das folgende Beispiel aus einem Textverarbeitungsprogramm, in dem je nach gewähltem Kennbuchstaben die entsprechende Prozedur aufgerufen wird:

```
Case UpCase(Wahl) of
   'A':Aendern;
   'I':Einsetzen;
   'D':Drucken;
   'S':Speichern;
   else Writeln('Falscher Kennbuchstabe!');
        Writeln('Wiederholen Sie bitte die Auswahl.')
End;
```

6.3 Wiederholungsanweisungen

Turbo Pascal bietet drei Möglichkeiten an, einen Programmteil mehrfach bearbeiten zu lassen: die Zählschleife, die Repeat-Anweisung und die While-do-Anweisung.

6.3.1 Zählschleife (For ... to ... do ...)

Soll eine Anweisung n-mal ausgeführt werden, setzt man eine Zählschleife ein. Eine Zählvariable wird bei jeder Ausführung um 1 erhöht (oder bei downto erniedrigt), bis die gewünschte Anzahl der Ausführungen erreicht ist. Die Zählvariable muß ein einfachem skalaren Typ sein, auch benutzerdefinierte Typen lassen sich verwenden. Die allgemeine Form ist:

For Zaehler:=Anfangswert to Endwert
  do Anweisung;

Beispiele für Zählschleifen:

```
For Zahl:=1 to 15 do Writeln(Zahl:5,Zahl*Zahl:7);
For Tag:=Mo to Sa do
    Begin Zahl:=Ord(Tag);
          Case Zahl of
            0:MoPlan;
            1:DiPlan;
            2:MiPlan;
            3:DnPlan;
            4:FrPlan;
            5:SaPlan;
          End (* Case *)
     End (* For *);
For Z:='Z' downto 'M' do
    If Name(.1.)=Z
          then Drucke(Name);
```

Innerhalb einer Zählschleife ist keine Wertzuweisung an die Zählvariable zulässig, etwa wenn man die Anzahl der Durchläufe erhöhen oder wenn man abbrechen will. Ein vorzeitiger Abbruch läßt sich nur mit einer Goto-Anweisung erreichen. In einem solchen Fall sollte man statt einer Zählschleife besser eine der beiden anderen Wiederholungsanweisungen vorsehen.

Die Zählschleife eignet sich besonders für die Bearbeitung aller Komponenten einer Folge (s. Abschnitt 7.1).

6.3.2 Wiederholung mit Abbruchbedingung (Repeat ... until ...)

Eine Folge von Anweisungen soll wiederholt werden, bis eine Abbruchbedingung den Wert True erhält. Das läßt sich mit den reservierten Wörtern Repeat und until steuern; sie schließen (wie Begin und End) eine Verbundanweisung ein:

Repeat Anweisungen
until Abbruchbedingung;

Innerhalb der Anweisungen muß sich der Wahrheitswert der Abbruchbedingung verändern können.

Repeat-Anweisungen lassen sich insbesondere bei Eingabekontrollen anwenden:

```
Repeat
   Anweisungen;
   Repeat
   Write('Noch einmal? (J,N) ');
   Readln(Antwort);
   until (Upcase(Antwort)='J') or (UpCase(Antwort)='N');
 until UpCase(Antwort)='N';
```

6.3.3 Wiederholung mit Eingangsbedingung (While ... do ...)

Bei einer Repeat-Anweisung wird die Anweisungsfolge mindestens einmal ausgeführt, da die Prüfung der Bedingung erst nach der Bearbeitung erfolgt. Soll eine Anweisung nur bearbeitet und so lange wiederholt werden, wie eine Bedingung erfüllt ist, wählt man die While-Anweisung:

While Eingangsbedingung do
  Anweisung;

Beispiel aus der Textbearbeitung für eine Wiederholung mit Eingangsbedingung:

```
Readln(Zeile);
While Zeile(.1.)<>'#' do
   Begin Speichere(Zeile); Readln(Zeile) End;
```

6.4 Prozeduren

Wird eine Folge von Anweisungen mehrfach im Programm benötigt, kann man sie in einer Prozedur zusammenfassen. Die Bearbeitung der Anweisungsfolge läßt sich dann an jeder Stelle des Programms auslösen, indem man die Prozedur mit ihrem Namen aufruft. Turbo Pascal stellt eine Reihe von Standardprozeduren bereit, weitere Prozeduren kann der Benutzer im Deklarationsteil definieren.

6.4.1 Standardprozeduren

Einige Prozeduren steuern die Eingabe und Ausgabe von Daten, das wurde schon in Abschnitt 4.4.2 beschrieben. Dort sind auch schon Prozeduren angegeben, mit denen man z. B. den Cursor auf dem Bildschirm steuern kann. Eine genauere Untersuchung der Ein- und Ausgabeprozeduren folgt in Abschnitt 8.4.

Die Standardprozeduren für die Bearbeitung von Strings werden in Abschnitt 8.2 ausführlich dargestellt.

Welche Standardprozeduren Turbo Pascal für die File-Handhabung bereitstellt, wird in Abschnitt 7.4 gezeigt.

6.4.2 Benutzerdefinierte Prozeduren

Im Deklarationsteil seines Programms kann der Benutzer eigene Prozeduren definieren. Für die Schreibweise gelten die gleichen Regeln wie für das Schreiben von Programmen (s. Kapitel 4). Der Kopf beginnt mit dem reservierten Wort Procedure. Ihm folgt der Prozedurname, an den (in runden Klammern) Parameter (mit Name und Typ) angefügt werden können.

Beispiele für benutzerdefinierte Prozeduren, die sich in verschiedenen Programmen einsetzen lassen:

```
Type String80=String(.80);

Procedure C(X, Y:Byte);                       positioniert Cursor auf
Begin GotoXY (Y, X) End;                      Zeile X und Spalte Y

Procedure T(X, Y:Byte;Text:String80),         schreibt Text auf
Begin C(X, Y);Write(Text) End;                Position

Procedure Z(X,Y,N:Byte;Zeichen:Char)          schreibt Zeichen N-mal
Var I:Byte;                                   auf Position
Begin C(X,Y);
  For I:=1 to N do Write(Zeichen)
End;
```

Ruft man die Prozedur Z mit Z(10,1,40,'–') auf, wird eine gestrichelte Linie (Länge 40) am Anfang der 10. Zeile geschrieben.

Eine Prozedur hat wie ein Programm einen Deklarationsteil, in dem Typen, Labels, Konstanten, Variablen deklariert werden können, aber auch neue Prozeduren und Funktionen. Die in einer Prozedur deklarierten Objekte sind nur innerhalb der Prozedur verfügbar, man spricht von lokaler Gültigkeit. So ist die Variable I in der Prozedur Z eine lokale Variable, man kann nur innerhalb der Prozedur darauf zugreifen, nicht vom aufrufenden Programm her.

Auf Objekte, die im aufrufenden Programm deklariert sind, kann man auch von der Prozedur her darauf zugreifen, sie gelten global. So können die Prozeduren T und Z auf die (globale) Prozedur C zugreifen. Eine Ausnahme: Kommt in einer Prozedur ein Objekt gleichen Namens vor, dann gilt innerhalb der Prozedur nur das lokale und nicht das globale Objekt.

In einer Prozedur können lokale und globale Prozeduren aufgerufen werden. Eine Prozedur kann sich sogar selbst aufrufen, man spricht von einem rekursiven Aufruf. Beim rekursiven Aufruf werden alle Objekte, die innerhalb der Prozedur deklariert sind, lokal neu bereitgestellt. Auf die gleichnamigen Objekte in der Aufrufebene kann man von der aufgerufenen Prozedur her nicht zugreifen. Dies gilt insbesondere für Parameter der Prozedur.

6.4.3 Parameterübergabe

An Prozeduren und Funktionen können beim Aufruf Werte oder Variablen übergeben werden. Die in der Prozedur dafür bereitgestellten Variablen werden Parameter genannt, sie sind im Prozedurkopf mit Namen und Typen anzugeben. Dabei sind strukturierte Typen (s. Kapitel 7) nicht zulässig. So wurde der Typ String(.80.) in Prozedur T vorher als neuer Typ String80 definiert.

Parameter können bei der Bearbeitung wie andere lokale Variablen eingesetzt werden. Insbesondere dürfen sich ihre Werte bei der Bearbeitung der Prozeduranweisungen verändern.

6.4.3.1 Werteparameter

Wird die Prozedur Z mit Z(20,1,40,'–') aufgerufen, dann erhalten die in der Deklaration aufgeführten Parameter X,Y,N und Zeichen die beim Aufruf genannten Werte. Die Werte von X und Y werden an die Prozedur C weitergegeben und positionieren den Cursor, der Wert '–' wird N-mal geschrieben.

Man kann die Prozedur auch mit Z(Zeile,1,N,Buchstabe) aufrufen, dann werden die aktuellen Werte der Variablen Zeile,N und Buchstabe ermittelt und an die Parameter X, N und Zeichen übergeben. Zeile,N und Buchstabe heißen aktuelle Parameter, während die im Prozedurkopf aufgeführten Variablen formale Parameter heißen. Die beim Aufruf genannten aktuellen Parameter müssen mit den entsprechenden formalen im Typ übereinstimmen.

6.4.3.2 Variablenparameter

Hat sich bei der Prozedurbearbeitung der Wert eines formalen Parameters geändert, so hat dies bei Werteparametern keine Auswirkung auf den aktuellen Parameter. Soll die Veränderung eines Wertes an das aufrufende Programm zurückgegeben werden, muß man statt eines Werteparameters einen Variablenparameter deklarieren. Das geschieht durch Voranstellen des reservierten Wortes Var.

Als Beispiel soll der Dreieckstausch (s. Abschnitt 6.1) betrachtet werden:

```
Type Name=String(.20.);
Procedure Tausch(Var A,B:Name);
Var H:Name; (* Hilfsspeicher *)
Begin If A>B
        then Begin H:=A,A:=B;B:=H End;
End (* Tausch *);
```

Wird die Prozedur mit Tausch(Name1,Name2) aufgerufen, dann wird Name1 an A und Name2 an B übergeben. Wenn A lexikographisch nach B kommt, werden die beiden Werte vertauscht. Nach der Bearbeitung der Prozedur erhält dann Name1 den neuen Wert von A und entsprechend Name2 den neuen Wert von B. Die Werte von Name1 und Name2 sind also durch den Prozeduraufruf vertauscht worden. Stünde im Prozedurkopf nicht Var vor den formalen Parametern, dann hätten die aktuellen Parameter nachher die bisherigen Werte, auch wenn A und B bei der Bearbeitung der Prozedur vertauscht wurden.

Hinweise zu Variablenparametern:

1. Für eine Prozedur können zugleich Variablen- und Werteparameter angegeben werden.

   Beispiel:

   ```
   Procedure Tausch1(Var A,B:Name;Index:Byte);
   ```

2. Filevariablen (s. Abschnitt 7.5) dürfen nur als Variablenparameter eingesetzt werden.
3. Sollen umfangreiche Datenmengen wie z. B. alle Komponenten eines Feldes an eine Prozedur übergeben werden, spart man Speicherplatz, wenn man Variablen- statt Werteparameter verwendet. Dann wird nämlich nur die Adresse des aktuellen Parameters übergeben, während beim Werteparameter eine Kopie des ganzen Feldes gebraucht würde.

4. Soll die Prozedur sich selbst aufrufen (rekursiver Aufruf), dann dürfen keine Variablenparameter vorkommen. Für den rekursiven Aufruf muß die Compilerdirektive A passiv sein: (*A-*) (s. Abschnitt 9.4).
5. Im Normalfall müssen formale und aktuelle Parameter genau übereinstimmen. Werden Variablenparameter vom Typ String verwendet, dann läuft die Prozedur nur, wenn der übergebene String genau die vereinbarte Länge hat. Diese Einschränkung läßt sich durch die Compilerdirektive V aufheben. Ist die Direktive aktiv (*V+*), wird eine genaue Typenkontrolle ausgeführt. Wenn Sie die Einstellung vor dem Prozeduraufruf auf (*V-*) ändern (s. Abschnitt 9.4), wird die Kontrolle gelockert.
6. Es gibt in Turbo Pascal die Möglichkeit, Variablenparameter ohne Typangabe einzusetzen. Einem untypisierten Parameter kann ein aktueller Parameter von beliebigem Typ übergeben werden. Er ist aber in der Bearbeitung der Prozedur nicht kompatibel mit anderen Typen und kann nur verwendet werden, wenn der Typ keine Rolle spielt.

6.5 Funktionen

Funktionen sind wie Prozeduren in sich abgeschlossene Teilprogramme. Sie unterscheiden sich von Prozeduren darin, daß bei ihrem Aufruf ein Wert berechnet und an die Stelle des aufrufenden Namens gesetzt wird.

6.5.1 Standardfunktionen

Eine Reihe von Funktionen von Turbo Pascal haben Sie schon kennengelernt: Mathematische Funktionen in Abschnitt 5.2.1.3, Boolesche Funktionen in Abschnitt 5.2.2.3, Stringfunktionen in Abschnitt 5.2.3.2 und Funktionen zur Anordnung in Abschnitt 5.4.2.

Weitere Standardfunktionen werden bei der Behandlung der Textverarbeitung (s. Kapitel 8) und der Dateiverwaltung (s. Abschnitt 7.4) eingeführt.

6.5.2 Definition von Funktionen

Der Benutzer kann im Deklarationsteil eines Programms (oder einer Prozedur) eigene Funktionen definieren. Dabei sind die folgenden Regeln zu beachten: In einem Funktionskopf wird nach dem reservierten Wort Function ein Funktionsname angegeben, ihm folgen (in runden Klammern) formale Parameter mit Namen und Typen. Der Kopf schließt mit der Angabe des Typs für die errechneten Funktionswerte.

Im Deklarationsteil der Funktion können lokale Typen, Konstante, Labels, Variablen, Prozeduren und Funktionen deklariert werden. Im Anweisungsteil muß an einer Stelle eine Anweisung stehen, mit der dem Funktionsnamen der Wert zugewiesen wird, den die Funktion an die Stelle des Aufrufs setzt.

Beispiele für neudefinierte Funktionen:

```
Function Gerade(Zahl:Integer):Boolean;
(* Die Funktion gibt den Wert True aus, wenn
   die übergebene Zahl gerade ist.  *)
Begin If Odd(Zahl)
           then Gerade:=False
           else Gerade:=True;
End (* Gerade *);


Function GGT(A,B:Integer):Integer;
(* Die Funktion gibt den größten gemeinsamen
   Teiler zweier Zahlen aus. *)
Begin
  If A=B
    then GGT:=A
    else If A>B
          then A:=GGT(A-B,B)
          else B:=GGT(A,B-A);
End (* GGT *);
```

Das zweite Beispiel zeigt einen rekursiven Aufruf, die Funktion GGT wird mit neuen Werten aufgerufen.

Das folgende Beispiel zeigt eine komfortable Menü-Steuerung in einem Briefe-Programm, Hinweise dazu erhalten Sie in Abschnitt 8.4:

```
Function ZeilenAuswahl(Menu:Angebot;Anfang,Ende:Byte):Byte;
  Var I:Byte;
  Begin For I:=Anfang to Ende do
    T(I+11,12,Menu(.I.));
    I:=Anfang;
    Repeat InvEin;
      T(I+11,12,Menu(.I.));
      Read(Kbd,Wahl);
      Case Ord(Wahl) of
        139:Begin InvAus;T(I+11,12,Menu(.I.));
                  If I<Ende then I:=I+1 else I:=Anfang;End;
        137:Begin InvAus;T(I+11,12,Menu(.I.));
                  If I>Anfang then I:=I-1 else I:=Ende;End;
        13:ZeilenAuswahl:=I;
      End; (* Case *)
    until Wahl=Chr(13);
    InvAus;End; (* ZeilenAuswahl *)

Procedure Menu;
  Var Anfang,Ende,I:Byte;
  Begin Kopf;Anfang:=1;Ende:=Anzahl;
    T(7,5,'Auswahl-Angebot zum Brief-Programm ');
    Z(8,2,40,'-');
    Auswahl(.1.):=' Schreiben eines Briefes ';
    Auswahl(.2.):=' Abspeichern auf Diskette ';
    Auswahl(.3.):=' Holen von Diskette ';
    Auswahl(.4.):=' Korrigieren im Brief ';
    Auswahl(.5.):=' Drucken des Briefes ';
    Auswahl(.6.):='  ... Schluß machen ';
    Anzahl:=6;

  For I:=1 to Anzahl do Begin
    C(11+I,0);Write(I:7,' :   ',Auswahl(.I.));End;
  T(13+Anzahl,3,'Sie können mit den Pfeiltasten ');
  Write(Chr(223),Chr(219),Chr(223));Write(' und ');
  Write(Chr(223),Chr(220),Chr(223));
  T(14+Anzahl,3,'durch das Angebot gehen und dabei mit');
  T(15+Anzahl,3,'der RETURN-Taste auswählen.');
  I:=ZeilenAuswahl(Auswahl,1,Anzahl);
  T(21,45,'Gewählt  wurde Kennziffer ');Write(I:2);
  Case I of
    1:Schreiben;
    2:Speichern;
    3:Holen;
    4:Editor;
    5:Drucker;
    6:T(23,4,'Briefe-Bearbeitung beendet!  Tschüß !!!');
  End; (* Case *)
End; (* Menu *)
```

6.5.3 Vorwärtsdeklaration

Eine Prozedur oder eine Funktion muß vollständig deklariert sein, bevor man sie aufruft. Die Vorwärtsdeklaration ermöglicht ein Abweichen von dieser Regel. Man kann den Prozedurkopf vorwegnehmen und ihn mit dem reservierten Wort forward kennzeichnen. Der Prozedurblock ist im gleichen Deklarationsteil nachzutragen. Dabei ist derselbe Prozedurkopf aber ohne Parameterangaben voranzustellen.

Als Beispiel für Vorwärtsdeklaration dient ein Programm, bei dem eine Funktion Rauf eine Funktion Runter benötigt und umgekehrt:

```
Program Zahlenfolge;
(* liefert eine merkwürdige Zahlenfolge. *)
Label Start;
Var Zahl:Integer;
    Antwort:Char;

Function Rauf(Var I:Integer):Integer;forward;

Function Runter(Var I:Integer):Integer;
Begin I:=I div 2; Writeln(I:7);
   If I<>1
      then I:=Rauf(I)
End (* Runter *);

Function Rauf;
Begin While I mod 2 <> 0 do
        Begin I:=3*I+1; Writeln(I:7) End;
      I:=Runter(I)
End (* Rauf *);


Begin (* Hauptprogramm *)
Start:ClrScr;
Writeln('Berechnung einer Zahlenfolge');
Writeln('-----------------------------');
Writeln;Write('Geben Sie eine Anfangszahl 1..100 ein: ');
Read(Zahl);Writeln;Writeln;
Zahl:=Rauf(Zahl);
Writeln('-----------------------------');
Writeln;Write('Noch einmal? (J/N)  ');
Read(Antwort);
If UpCase(Antwort)<>'N'
   then Goto Start
   else Write('           Tschüß !!!');
End (* Zahlenfolge *).
```

6.6 Anwendung: Textbearbeitung

Um eine Anwendung der entwickelten Datentypen und Steuerstrukturen zu zeigen, soll ein einfaches Programm zur Textbearbeitung vollständig wiedergegeben werden. Es ist lauffähig*) und läßt sich zum zeilenweisen Schreiben und Überarbeiten von Briefen einsetzen.

Die maximale Anzahl der Zeilen und die Zeilenlänge sind im Deklarationsteil durch Konstanten festgelegt. Sie können ohne Schwierigkeiten verändert werden.

Was das Programm leistet, geht aus dem Menü (Zeilen 201 bis 206) hervor. Das Angebot läßt sich erweitern, wenn man z. B. die Prozeduren zum Finden und Ersetzen (Abschnitt 8.3) oder die Druckerausgabe (Abschnitt 8.4.6) einbaut. Sie lassen sich wie hier die Prozedur Korrigieren als Include-Files (Abschnitt 9.3.1) einbinden.

```
1    Program Textbearbeitung;
2    (* Schreiben von Briefen *)
3     (*$U+,R+*)
4    Const Brieflaenge=60;
5           MaxAnzahl=7;
6    Type Zeile=String(.70.);
7         Brief=Array(.0..Brieflaenge.) of Zeile;
8         Wort=String(.30.);
9         Angebot=Array(.0..MaxAnzahl.) of Wort;

11   Var  Antwort, Wahl:Char;
12        Anzahl,Kennziffer:Byte;
13        Auswahl:Angebot;
14        Ze:Zeile;
15        Br:Brief;
16        Laenge:Byte;
17        Vorhanden,Voll:Boolean;
18        Datei:File of Brief;

20   Procedure C(X,Y:Byte);
21     Begin GotoXY(Y,X) End;
22   Procedure P;
23     Const PL=200;
24     Begin Delay(PL);End;
25   Procedure G;
26     Begin Write(Chr(7)) End;
27   Procedure T(X,Y:Byte;Text:Zeile);
28     Begin C(X,Y);Write(Text);End;
```

*) Das Programm Textbearbeitung wurde für den Alphatronic PC geschrieben. Für andere PC müßten die Codes z. B. für die Steuertasten und die Bildschirmgraphik angepaßt werden.

```
Procedure Z(X,Y,L:Byte;Zeichen:Char);
  Var I:Byte;
  Begin C(X,Y);For I:=1 to L do Write(Zeichen);End;
Procedure Weiter(X,Y:Byte);
  Begin T(X,Y,´Weiter? dann RETURN  ´);G;Read;Z(X,Y,26,´ ´);End;
Procedure Kopf;
  Var I:Byte;
  Begin ClrScr;Write(Chr(223));
    T(1,1,´`ddddddddddddddddddddddddddddddddddddddddddj´);
    Write(´ddddddddddddddddddddddddddddddddddda´);
    T(2,1,´e                                            e´);
    Write(´                                   e´);
    T(3,1,´bddddddddddddddddddddddddddddddddddddddddddddk´);
    Write(´dddddddddddddddddddddddddddddddddddc´);Write(Chr(223));
    T(2,4,´Einführung in Turbo-Pascal unter CPM 80´);P;
    T(2,49,´ Text-Verarbeitung´);P; End; (* Kopf *)
Procedure InvEin;
  Begin Write(Chr(28)); End;
Procedure InvAus;
  Begin Write(Chr(18)); End;
Procedure Rahmen(X,Y,L,H:Byte);
  Var I:Byte;
  Begin Write(Chr(223));
    Z(X,Y,1,´`´);Z(X,Y+1,L-2,´d´);Z(X,Y+L-1,1,´a´);
    For I:=1 to H-2 do
      Begin Z(X+I,Y,1,´c´);Z(X+I,Y+L-1,1,´e´);End;
    Z(X+H-1,Y,1,´b´);Z(X+H-1,Y+1,L-2,´d´);
    Z(X+H-1,Y+L-1,1,´c´);
    Write(Chr(223));P;P;End; (* Rahmen *)

Procedure Schreiben;
Var ZeilenNr,X:Byte;
  Procedure Hochschieben(X:Byte );
  Var I:Byte;
    Begin For I:=1 to 19 do Begin
     C(2+I,1);Write(X-20+I:3);Z(2+I,6,60,´ ´);
     T(2+I,6,Br(.X-20+I.));End;
     C(22,1);Write(X:3);Z(22,6,60,´ ´);C(22,6);
  End; (* Hochschieben *)
Begin ClrScr;
  T(1,3,´ Zeilenweises Schreiben eines Briefes ´);
  Rahmen(2,5,72,22);
  T(1,50,´Abschluß mit # am Zeilenanfang´);
  ZeilenNr:=0;
  Repeat
    ZeilenNr:=ZeilenNr+1;
    If ZeilenNr>20
      then  Hochschieben(ZeilenNr)
      else Begin C(2+ZeilenNr,1);Write(ZeilenNr:3);
      C(2+ZeilenNr,6);End;
    Readln(Br(.ZeilenNr.));
    If ZeilenNr=Brieflaenge-5
      then Begin T(24,1,´Noch 5 Zeilen, bis der Brief voll ist.´);
      Weiter(24,50);Z(24,1,50,´ ´);End;
    If ZeilenNr=Brieflaenge
      then Begin C(24,1);Voll:=True;
      Write(´Der Brief ist mit ´,Brieflaenge,´ Zeilen gefüllt!´);
      Weiter(24,50);End;
  until (Br(.ZeilenNr.)(.1.)=´#´) or (ZeilenNr=Brieflaenge);
  Vorhanden:=True;
  End; (* Schreiben *)
```

```
Procedure Speichern;
Var LW,OK:Char;
    DateiName:String(.8.);
    DateiNameD:String(.14.);
Begin Repeat ClrScr;
  T(1,1,'Abspeichern des Briefes auf der Diskette');
  Z(2,1,50,'-');
  T(4,1,'Geben Sie an, in welchem Laufwerk die Diskette');
  T(5,1,'liegt ( A oder B ) : ');Readln(LW);
  LW:=UpCase(LW);
  T(7,1,'Geben Sie den Namen (max 8 Zeichen) an,');
  T(8,1,'unter dem der Brief abgespeichert werden');
  T(9,1,'soll : ');Readln(DateiName);
  T(11,1,'Ist alles in Ordnung ( J oder N ) : ');Readln(OK);
  until UpCase(OK)='J';
  T(14,1,'Der Brief wird gespeichert ...');
  DateiNameD:=LW+':'+DateiName+'.Brf';
  Assign(Datei,DateiNameD);
  Rewrite(Datei);
  Write(Datei,Br);
  Close(Datei);
  T(16,1,'...  er ist unter dem Namen  ');Writeln(DateiName);
  Writeln('auf der Diskette in Laufwerk ',LW,' abgespeichert.');
  Weiter(24,50);
End; (* Speichern *)

Procedure Holen;
Var LW,OK:Char;
    Gefunden:Boolean;
    DateiName:String(.8.);
    DateiNameD:String(.14.);
Begin Repeat ClrScr;
  T(1,1,'Holen eines Briefes von der Diskette');
  Z(2,1,50,'-');
  T(4,1,'Geben Sie an, in welchem Laufwerk die Diskette');
  T(5,1,'liegt ( A oder B ) : ');Readln(LW);
  LW:=UpCase(LW);
  T(7,1,'Geben Sie den Namen (max 8 Zeichen) an,');
  T(8,1,'unter dem der Brief abgespeichert worden');
  T(9,1,'ist : ');Readln(DateiName);
  T(11,1,'Ist alles in Ordnung ( J oder N ) : ');Readln(OK);
  until UpCase(OK)='J';
  T(14,1,'Der Brief wird gesucht ...');
  DateiNameD:=LW+':'+DateiName+'.Brf';
  Assign(Datei,DateiNameD);
  (*$I-*)Reset(Datei)(*$I+*);
  Gefunden:=IOResult=0;
  If not Gefunden
    then T(24,1,'Unter diesem Namen gibt es keinen Brief!')
    else Begin
      Read(Datei,Br);
      Close(Datei);
  Vorhanden:=True;
  T(16,1,'...  er ist von der Diskette geholt,');
  T(17,1,'Sie können ihn nun bearbeiten.');End;
  Weiter(24,50);
End; (* Holen *)
```

```
Procedure Ausgeben;
Var SeitenNr,ZeilenNr,X,I:Byte;
    Ende:Boolean;
Begin ClrScr;
  T(1,1,'    Seitenweise Ausgabe des Briefes ');
  Rahmen(2,5,72,22);
  SeitenNr:=1;
  T(1,55,' Seite : ');Write(SeitenNr:3);
  ZeilenNr:=1;Ende:=False;
  Repeat
    X:=(ZeilenNr+SeitenNr-1) mod 21;
    If X=0
     then Begin Weiter(24,50);SeitenNr:=SeitenNr+1;
       C(1,64);Write(SeitenNr:3);
       For I:=3 to 22 do Begin Z(I,1,3,' ');Z(I,6,70,' ');End;End
     else If Br(.ZeilenNr.)(.1.) <>'#'
            then Begin C(2+X,1);Write(ZeilenNr:3);
              T(2+X,6,Br(.ZeilenNr.));ZeilenNr:=ZeilenNr+1;End
            else Ende:=True;
  until (ZeilenNr>Brieflaenge) or Ende;
  If ZeilenNr>BriefLaenge then Voll:=True;
  If Ende
   then Laenge:=ZeilenNr
   else Laenge:=BriefLaenge;
  T(24,1,'Der Brief ist ausgegeben.');Weiter(24,50);
End; (* Ausgeben *)

(*$IBrKorr.PAS*)

Function ZeilenAuswahl(Menu:Angebot;Anfang,Ende:Byte):Byte;
  Var I:Byte;
  Begin For I:-Anfang to Ende do
    T(I+11,12,Menu(.I.));
    I:=Anfang;
    Repeat InvEin;
      T(I+11,12,Menu(.I.));
      Read(Kbd,Wahl);
      Case Ord(Wahl) of
        139:Begin InvAus;T(I+11,12,Menu(.I.));
                If I<Ende then I:=I+1 else I:=Anfang;End;
        137:Begin InvAus;T(I+11,12,Menu(.I.));
                If I>Anfang then I:=I-1 else I:=Ende;End;
        13:ZeilenAuswahl:=I;
      End; (* Case *)
    until Wahl=Chr(13);
    InvAus;End; (* ZeilenAuswahl *)

Procedure Menu;
  Var Anfang,Ende,I:Byte;
  Begin Kopf;Anfang:=1;Ende:=Anzahl;
    T(7,5,'Auswahl-Angebot zum Brief-Programm ');
    Z(8,2,40,'-');
    Auswahl(.1.):=' Schreiben eines Briefes ';
    Auswahl(.2.):=' Abspeichern auf Diskette ';
    Auswahl(.3.):=' Holen von Diskette ';
    Auswahl(.4.):=' Ausgeben des Briefes ';
    Auswahl(.5.):=' Korrigieren im Brief ';
    Auswahl(.6.):='   ... Schluß machen ';
    Anzahl:=6;
```

```
208        For I:=1 to Anzahl do Begin
209          C(11+I,0);Write(I:7,' : ',Auswahl(.I.));End;
210        T(13+Anzahl,3,'Sie können mit den Pfeiltasten ');
211        Write(Chr(223),Chr(219),Chr(223));Write(' und ');
212        Write(Chr(223),Chr(220),Chr(223));
213        T(14+Anzahl,3,'durch das Angebot gehen und dabei mit');
214        T(15+Anzahl,3,'der RETURN-Taste auswählen.');
215        Kennziffer:=ZeilenAuswahl(Auswahl,1,Anzahl);
216        T(21,45,'Gewählt  wurde Kennziffer ');Write(I:2);
217        Case Kennziffer of
218          1:Schreiben;
219          2:Speichern;
220          3:Holen;
221          4:If Vorhanden
222               then Ausgeben
223               else T(23,4,'Kein Brief vorhanden !');
224          5:Korrigieren;
225          6:T(23,4,'Briefe-Bearbeitung beendet!  Tschüß !!!');
226        end; (* Case *)
227      End; (* Menu *)

229    Begin
230      Vorhanden:=False;Voll:=False;
231      Repeat
232        Menu;
233      until Kennziffer=6;
234    Weiter(24,50);
235    End.
```

Die Prozedur Korrigieren ist in einem gesonderten File gespeichert. Sie wird in Zeile 176 eingebunden und ist damit beim Programmablauf wie jede andere Prozedur des Programms verfügbar.

```
Procedure Korrigieren;
Var WahlNr,I:Byte;
    ZeilenNr:Byte;
      OK:Boolean;
Procedure Einfuegen;
Begin Repeat ClrScr;
T(2,5,'Einfügen einer neuen Zeile ...');
T(3,5,'------------------------------------------');
T(5,3,'Geben Sie die Nummer der Zeile an,');
Repeat T(6,3,'hinter der eingefügt werden soll: ');
  Readln(ZeilenNr);OK:=True;
  If (ZeilenNr<0) or (ZeilenNr>Laenge-1)
   then Begin OK:=False;
      T(8,3,'Nummer nicht zulässig, bitte neu eingeben: ');
      G;P;P;P;P;Z(8,3,60,' ');End;
until OK;
P;P;Z(5,3,50,' ');Z(6,3,50,' ');
T(5,3,'Bisherige Zeilen:');
C(7,1);Writeln(ZeilenNr:3,'. ',Br(.ZeilenNr.));
Writeln(ZeilenNr+1:3,'. ',Br(.ZeilenNr+1.));
T(10,3,'Soll eine Zeile eingefügt werden (J/N)? ');
Read(Antwort);
```

```
If UpCase(Antwort)='J'
  then if Laenge<BriefLaenge
       then Begin Laenge:=Laenge+1;
         For I:=Laenge downto ZeilenNr+1
           do Br(.I.):=Br(.I-1.);
         T(12,3,'Neue Zeile:');C(14,1);
         Write(ZeilenNr+1:3,'. ');
         Readln(Br(.ZeilenNr+1.));
         T(17,3,'Die Zeile ist eingefügt ...');
         T(19,3,'Noch eine Zeile einfügen (J/N)? ');
         Read(Antwort);End
       else
         T(19,3,'Der Brief hat schon die max. Zeilenanzahl!');
Weiter(24,50);
until UpCase(Antwort)='N';
End; (* Einfuegen *)
Procedure Loeschen;
Begin Repeat ClrScr;
T(2,5,'Löschen einer Briefzeile ...');
T(3,5,'-----------------------------------------------');
T(5,3,'Geben Sie die Nummer der Zeile an,');
Repeat T(6,3,'die gelöscht werden soll: ');
  Readln(ZeilenNr);OK:=True;
  If (ZeilenNr<0) or (ZeilenNr>Laenge-1)
   then Begin OK:=False;
     T(8,3,'Nummer nicht zulässig, bitte neu eingeben: ');
     G;P;P;P;Z(8,3,60,' ');End;
until OK;
T(8,3,'Bisherige Zeile:');
C(10,1);Writeln(ZeilenNr:3,'. ',Br(.ZeilenNr.));
T(12,3,'Soll die Zeile gelöscht werden (J/N)? ');
Read(Antwort);
If UpCase(Antwort)='J'
  then Begin Laenge:=Laenge-1;
      For I:=ZeilenNr to Laenge do Br(.I.):=Br(.I+1.);
      T(20,3,'Die Zeile ist gelöscht ...');End;
T(22,3,'Soll noch eine Zeile gelöscht werden (J/N)? ');
Read(Antwort);
until UpCase(Antwort)='N';
Weiter(24,50);
End; (* Loeschen *)
Procedure Aendern;
Begin Repeat ClrScr;
T(2,5,'Ändern einer Briefzeile ...');
T(3,5,'-----------------------------------------------');
T(5,3,'Geben Sie die Nummer der Zeile an,');
Repeat T(6,3,'die geändert werden soll: ');
 Readln(ZeilenNr);OK:=True;
  If (ZeilenNr<0) or (ZeilenNr>Laenge-1)
   then Begin OK:=False;
     T(8,3,'Nummer nicht zulässig, bitte neu eingeben: ');
     G;P;P;P;Z(8,3,60,' ');End;
until OK;
T(8,3,'Bisherige Zeile:');
C(10,1);Writeln(ZeilenNr:3,'. ',Br(.ZeilenNr.));
T(12,3,'Soll die Zeile geändert werden (J/N)? ');
Read(Antwort);
If UpCase(Antwort)='J'
  then Begin T(14,3,'Neue Zeile:');
      C(16,1);Write(ZeilenNr:3,'. ');
```

```
      Readln(Br(.ZeilenNr.));
      T(20,3,'Die Zeile ist geändert ...');End;
T(22,3,'Soll noch eine Zeile geändert werden (J/N)? ');
Read(Antwort);
until UpCase(Antwort)='N';
Weiter(24,50);
End; (* Aendern *)

Procedure KorrekturMenu;
  Var KorrAuswahl:Angebot;
  Function ZeilenAuswahl(Anfang,Ende:Byte):Byte;
  Var I:Byte;
  Begin For I:=Anfang to Ende do
    T(I+11,12,KorrAuswahl(.I.));
    I:=Anfang;
    Repeat InvEin;
      T(I+11,12,KorrAuswahl(.I.));
      Read(Kbd,Wahl);
      Case Ord(Wahl) of
        139:Begin InvAus;T(I+11,12,KorrAuswahl(.I.));
                If I<Ende then I:=I+1 else I:=Anfang;End;
        137:Begin InvAus;T(I+11,12,KorrAuswahl(.I.));
                If I>Anfang then I:=I-1 else I:=Ende;End;
        13:ZeilenAuswahl:=I;
      End; (* Case *)
    until Wahl=Chr(13);
    InvAus;End; (* ZeilenAuswahl *)
  Begin ClrScr;
    T(2,5,'Der Brief kann zeilenweise korrigiert werden.');
    T(3,5,'---------------------------------------------');
    T(7,5,'Auswahl-Angebot zum Korrigieren im Brief');
    Z(8,2,40,'-');
    KorrAuswahl(.1.):=' Einfügen einer Zeile ';
    KorrAuswahl(.2.):=' Ändern einer Zeile ';
    KorrAuswahl(.3.):=' Löschen einer Zeile ';
    KorrAuswahl(.4.):=' ... zurück ins Hauptmenu ';
    Anzahl:=4;
    For I:=1 to Anzahl do Begin
      C(11+I,0);Write(I:7,'  :  ',KorrAuswahl(.I.));End;
    T(13+Anzahl,3,'Sie können mit den Pfeiltasten ');
    Write(Chr(223),Chr(219),Chr(223));Write(' und ');
    Write(Chr(223),Chr(220),Chr(223));
    T(14+Anzahl,3,'durch das Angebot gehen und dabei mit');
    T(15+Anzahl,3,'der RETURN-Taste auswählen.');
    WahlNr:=ZeilenAuswahl(1,Anzahl);
    T(21,45,'Gewählt  wurde Kennziffer ');Write(WahlNr:2);P;
    If (WahlNr<4) and Vorhanden
      then Begin T(22,3,'Zunächst wird der Brief ausgegeben.');
         T(23,3,'Merken Sie sich die Nummer der Zeile,');
         T(24,3,'die korrigiert werden soll.');Weiter(24,50);
         Ausgeben;End
      else if not Vorhanden
             then Begin WahlNr:=4;
               T(22,3,'Kein Brief vorhanden !');End;
    Case WahlNr of
      1:Einfuegen;
      2:Aendern;
      3:Loeschen;
      4:T(23,3,'Korrigieren beendet...');
    end; (* Case *)
  End; (* KorrekturMenu *)
```

```
Begin
  Repeat
    KorrekturMenu;
  until WahlNr=4;
  T(24,3,'Zurück zum Hauptmenu ....');
  Weiter(24,50);
End; (* Korrigieren *)
```

Es braucht nicht betont zu werden, daß man an dieses Programm nicht die Ansprüche hinsichtlich Umfang und Komfort wie an ein professionelles Textprogramm stellen darf. Es ist als Beispiel für ein nicht mehr ganz einfaches Programm anzusehen und soll insbesondere zeigen, wie man in Turbo Pascal strukturieren kann. In vielen Einzelheiten kann es Ihnen Hinweise und Anregungen für das Schreiben eigener Programme geben.

7 Strukturierte Datentypen

Für die Definition neuer Typen stehen Typenkonstruktoren wie Folge (Array), Verbund (Record) oder File zur Verfügung. Mit ihnen lassen sich strukturierte Datentypen aufbauen. Wie man dabei vorgeht und wie man mit den definierten Datentypen umgehen kann, soll nun dargestellt werden.

7.1 Folgentyp (Array)

In einem Array werden Komponenten gleichen Typs als eine geordnete Folge zusammengefaßt. Man kann auf das Array im ganzen und – unter Verwendung von Indizes – auf jede einzelne Komponente zugreifen.

7.1.1 Eindimensionale Arrays

In einem eindimensionalen Array läßt sich jede Komponente durch die Angabe eines einzigen Index erfassen. Man kann sich das Array als eine Folge von Komponenten vorstellen, die der Reihe nach z. B. von 1 bis n durchnumeriert sind. In dieser Folge ist jede Komponente durch die Angabe der Nummer eindeutig zu kennzeichnen.

Bei der Definition eines Arraytyps verwendet man das reservierte Wort Array und gibt dahinter in eckigen Klammern bzw. in (. und .) an, aus welchem Bereich die Indizes genommen werden dürfen. Danach wird mit dem reservierten Wort of angefügt, von welchem Typ die Komponenten sind.

Beispiele für Arraydefinitionen:

```
Type Alphabet=Array(.1..26.) of Char;
Type Name=String(.20.);
     Liste=Array (.0..100.) of Name;
     Datei=Array (.'A'..'Z'.) of Liste;
```

```
Type Tag=(Mo,Di,Mi,Dn,Fr,Sa,So);
     Woche=Array(.Mo..So.) of Plan;
oder Woche=Array(.Tag.) of Plan;
```

Als Komponententyp sind die Standardtypen und alle vorher definierten Typen zugelassen. Als Indexbereich darf man Teilbereiche von allen skalaren Typen nehmen, auch von selbstdefinierten Skalartypen. Mit der Compilerdirektive R (von Range) läßt sich beim Programmablauf überprüfen, ob die Indizes der Array innerhalb der vorgegebenen Bereiche liegen. Die Direktive muß mit (*R+*) aktiviert werden (s. Abschnitt 9.4).

Die Arraytypen kann man bei der Deklaration von Variablen wie andere Typen einsetzen:

```
Var LA,LB,LC:Liste;
    D:Datei;
```

Der Variablen LA lassen sich 101 Namen als Komponenten zuweisen, die Variable D kann 26 Listen aufnehmen.

7.1.2 Mehrdimensionale Arrays

Der Komponententyp eines Arrays darf wieder ein Arraytyp sein. Auf diese Weise entstehen mehrdimensionale Arrays. Als Beispiel für ein zweidimensionales Array sei ein Typ genannt, mit dem sich die Verteilung der Figuren auf einem Schachbrett erfassen läßt:

```
Type Figur=(K,D,T,L,S,B,_)
     Brett=Array(.'A'..'H.) of Array (.1..8.) of Figur;
Var  Br:Brett;
```

Das mehrdimensionale Array läßt sich verkürzt schreiben, im Beispiel läßt sich der Typ Brett mit zwei Indexbereichen angeben:

```
     Brett=Array(.'A'..'H',1..8.) of Figur;
```

Für ein Programm zum Schreiben von Briefen läßt sich die folgende Definition eines dreidimensionalen Arrays verwenden:

```
Type Zeile=Array (.1..60.) of Char;
     Seite=Array (.1..40.) of Zeile;
     Brief=Array (.1..4.) of Seite;
Var  S:Seite:
     Mahn1,Mahn2:Brief;
```

oder

```
Type Brief=Array (.1..4,1..40,1..60.) of Char;
```

7.1.3 Zugriff auf Arrays

Einer Variablen vom Arraytyp kann man den Wert einer anderen Variablen gleichen Typs zuweisen:

```
Mahn1 :=Mahn2;
```

Dabei erhält jede Komponente von Mahn1 den Wert der entsprechenden Komponente von Mahn2. Auch an Parameter in Prozeduren lassen sich Werte vom Arraytyp übergeben, wenn man sie als besonderen Typ definiert hat. Ein Gesamtzugriff ist auch möglich, wenn man ein Array in einem File abspeichern oder aus einem File holen will (s. Abschnitt 7.4).

Andere Operationen lassen sich an einem Array im ganzen nicht ausführen, insbesondere kann man keine Werte von Arrayvariablen an die Eingabe- und Ausgabeprozeduren übergeben. Nur Zeichenarrays lassen sich mit der Write-Prozedur ausgeben (s. Abschnitt 7.1.4).

Auf eine einzelne Komponente kann man durch Anfügen des Index bzw. der Indizes an den Namen des Array zugreifen: Im letzten Beispiel wird mit Mahn1(.3.) die dritte Seite des Briefes Mahn1 erfaßt, mit Mahn1(.3,2.) die zweite Zeile auf der dritten Seite und mit Mahn1(.3,2,1.) das erste Zeichen in dieser Zeile.

Auf die Komponenten eines Array lassen sich alle Operationen und Funktionen anwenden, die für den Komponententyp vorhanden sind. So sind folgende Anweisungen zulässig:

```
Mahn1(.3.):=Mahn2(.1.):
Mahn1(.3,2,5.):='t';
If Ord(Mahn1(.1,1,1.))=65 then Anweisung;
If Br(.'B',2.)=_ then Br(.'B',2.):=K;
For Z:='A' to 'H' do
    For N:=1 to 8 do Br(.Z,N.):=_;
```

Die letzte Anweisung, mit der sich das Schachbrett leersetzen läßt, zeigt, wie gut sich die Zählschleife für den Zugriff auf alle Komponenten eines Array eignet.

7.1.4 Zeichenarray und String

Man kann für die Zeilen des Briefes Variablen vom Typ String oder vom Typ Zeichenarray deklarieren:

Zeile1: String(.60.);
Zeile2: Array(.1..60.) of Char;

In beiden Fällen lassen sich bis zu 60 Zeichen aufnehmen. Ein Unterschied zwischen den Variablen besteht darin, daß Zeile1 eine variable Länge hat und nur so viele Zeichen aufnimmt, wie zugewiesen werden. Ein Zeichenarray läßt sich als String mit konstanter Länge ansehen.

In Turbo Pascal ist das String-Konzept hoch entwickelt, es stehen viele zweckmäßige Operationen für Strings zur Verfügung. Das wird im folgenden Kapitel 8 genauer untersucht. In dieses String-Konzept sind die Zeichenarrays zum Teil einbezogen. Man kann z. B. Zeichenarrays in String-Terme einsetzen. Dabei wird das Zeichenarray in einen String gleicher Länge umgewandelt. So ist z. B. der Vergleich

Zeile1 < Zeile2

erlaubt, er wird wie für zwei Strings durchgeführt (s. Abschnitt 4.5.1) und liefert den Wert True, wenn Zeile1 lexikographisch vor Zeile2 steht.

Einem Zeichenarray kann eine Stringkonstante zugewiesen werden, wenn diese genau die Länge des Array hat. So kann man der Variablen Wort:

Var Wort: Array (.1..6.) of Char;

die Konstante 'Pascal' zuweisen, nicht aber 'Turbo' oder 'Compiler'. Durch Auffüllen mit Leerzeichen kann man die Zuweisung kürzerer Konstanten ermöglichen.

Einem Zeichenarray kann man keine Stringvariable (und keinen String-Term) zuweisen, umgekehrt darf zugewiesen werden:

Zeile2 := Zeile1   ist nicht zulässig.
Zeile1 := Zeile2   ist zulässig.

Gemeinsam ist beiden Typen, daß man mit Zeile1 (.5.) oder Zeile2 (.5.) auf das Zeichen zugreifen kann, das auf dem 5. Platz steht. Man kann den einzelnen Plätzen Zeichen (durch Wertzuweisung oder Read-Prozedur) zuweisen, und man kann die einzelnen Zeichen ausgeben oder anders verarbeiten.

7.2. Verbundtyp (Record)

Ein Record verbindet mehrere Komponenten zu einer Einheit. Die Komponenten werden Felder des Records genannt, sie brauchen (im Gegensatz zum Array) nicht vom gleichen Typ zu sein. Jedes Feld eines Records wird mit einem Namen gekennzeichnet, mit diesem Feldnamen kann man innerhalb des Records auf das einzelne Feld zugreifen.

7.2.1 Definition eines Records

Im Deklarationsteil eines Programms kann der Benutzer Recordtypen definieren, indem er an das reservierte Wort Record eine Liste der Feldnamen (und -typen) anfügt. Diese Liste wird mit dem reservierten Wort End abgeschlossen.

Beispiele für Recordtypen:

```
Type Kunde=Record
              Nr:Integer;
              Name:String(.20.);
              PLZ:Array(.1..4.) of 0..9;
              Ort,Strasse:String(.20.);
              BestNr:Array(.1..100.) of Integer;
           End;
Var X,Y:Kunde;

Type Datum=Record
              Tag:1..31;
              Monat:(Jan,Feb,Mrz,Apr,Mai,Jun,Jul,Aug,Spt,
                     Okt,Nov,Dez);
              Jahr:1880..2000;
           End;
Var Termin:Datum;
    Woche:Array(.1..7.) of Datum;
```

Die Feldnamen Tag, Monat und Jahr sind nur in Verbindung mit den Variablennamen Termin oder Woche (.2.) vom Typ Datum zu verwenden. Wie man auf die Felder zugreifen kann, wird in Abschnitt 7.2.2.2 beschrieben.

7.2.2 Zugriff auf Records

Variablen vom Typ Kunde können einen Satz von Daten aufnehmen, die zu einem Kunden gehören. Man kann auf den gesamten Datensatz und auf die Einzeldaten zugreifen.

7.2.2.1 Gesamtzugriff

Auf einen Record kann man mit einem Variablennamen zugreifen. Man kann ihn insgesamt in einen File dieses Typs abspeichern oder aus einem File holen (s. Abschnitt 7.4.3). Auf Records läßt sich die Wertzuweisung anwenden: Man kann einem Record den Wert eines anderen vom gleichen Typ zuweisen. Die Wertzuweisung

```
X:=Y;
```

für die Variablen vom Typ Kunde ist zulässig.

7.2.2.2 Zugriff auf einzelne Felder

Um auf einzelne Felder eines Records zugreifen zu können, fügt man an den Namen der Variablen vom Recordtyp (verbunden durch einen Punkt .) den Feldnamen an. So kann man im zweiten Beispiel das Feld Monat der Variablen Termin mit Termin.Monat erfassen. Damit sind z.B. die folgenden Anweisungen zulässig:

```
If Termin.Monat=Mai
   then Anweisung;
Termin.Tag:=18;
```

Auf das Feld eines Records lassen sich alle Operationen und Funktionen anwenden, die für seinen Typ zugelassen sind. Auch wenn ein Feld wieder vom Recordtyp ist, läßt sich auf seine Einzelfelder zugreifen. Als Beispiel soll ein Typ Person dienen, bei dem das Feld Geb vom Recordtyp Datum ist:

```
Type Person=Record
              Name:String(.16.);
              Vorname:String(.16.);
              Geb:Datum;
            End;
Var  Pers:Person;
```

Mit Pers.Geb läßt sich auf das Feld Geb (vom Typ Datum) zugreifen, mit Pers.Geb.Monat auf das Teilfeld Monat.

7.2.2.3 *With-Anweisung*

Das Beispiel Pers.Geb.Monat zeigt, daß die Feldnamen (und damit die Anweisungen) lang werden können, wenn Felder von Records wieder vom Recordtyp sind. Sie lassen sich durch die With-Anweisung verkürzen, da sich mit einer With-Anweisung der Name der Recordvariablen bei den Namen für Felder dieser Variablen sparen läßt.
Beispiel für eine With-Anweisung:

```
With  Pers do
      Begin Name:='Schmidt';
            Vorname:='Peter';
            Geb.Tag:=18;Geb.Monat:=Feb;Geb.Jahr:=1978
      End;
```

Man kann diese Anweisung noch weiter vereinfachen, wenn man in die With-Anweisung eine weitere einsetzt:

```
With Geb do
   Begin Tag:=18;Monat:=Feb;Jahr:=1978 End;
```

With-Anweisungen lassen sich auch ineinander schachteln. Die Anweisung

```
With Pers do With Geb do Anweisung;
```

läßt sich verkürzt schreiben als

```
With Pers,Geb do Anweisung;
```

7.2.3 Varianten-Records

In Turbo Pascal sind auch Records zugelassen, die je nach Wert eines Selektors unterschiedliche Felder besitzen. Als Selektor dient der Wert eines Feldes, des Markierfeldes.

Als Beispiel soll der Recordtyp Person erweitert werden:

```
Type  Geschlecht=(m,w);
      Person=Record
                 Name:String(.16.);
                 Vorname:String(.16.);
                 Geb:Datum;
                 Case G: Geschlecht of
                  m: (Beruf:String(.20.);
                      Einst:Datum);
                  w: (GebName:String(.16.))
             End;
Var   Pers:Person;
```

Als Markierfeld dient G, ihm kann man (wie anderen Feldern) Werte (in diesem Fall m oder w) zuweisen. Je nach dem Wert von Pers.G hat der Record Pers die Felder, die (in Klammern) hinter dem Wert angegeben sind.

Der Varianteteil eines Records ist stets nach den festen Feldern anzugeben. Diese Vereinbarung hat zur Folge, daß ein Abschluß der Fallunterscheidung mit gesondertem End nicht erforderlich ist.

Der Programmierer ist dafür verantwortlich, daß dem Markierfeld Werte zugewiesen werden. Auf das Feld Beruf kann auch zugegriffen werden, wenn der Wert von G nicht m ist.

7.3 Mengentyp (Set)

Die Datentypen sind Beispiele für Mengen, ein Typ gibt die Menge der Werte an, die einer Variablen dieses Typs zugewiesen werden können. Bei einfachen Typen handelt es sich um geordnete Mengen, d.h. für ihre Elemente ist eine Anordnungsrelation definiert. Bei allgemeinen Mengen gibt es eine solche Anordnung nicht. Daher ist die Menge der einstelligen Zahlen 0 bis 9 zu unterscheiden vom Typ 0..9, der die gleichen Elemente enthält.

In Turbo Pascal ist der Mengenbegriff gegenüber dem mathematischen insofern eingeschränkt, als nur Elemente gleichen Typs in einer Menge zusammengefaßt werden können. Dieser Grundtyp der Menge muß ein einfacher skalarer Datentyp sein, von den Standardtypen also Byte, Integer, Boolean und Char.

7.3.1 Definition von Mengen

Der Benutzer kann Mengentypen definieren, indem er die reservierten Wörter Set of voranstellt und danach angibt, von welchem Typ die Elemente sind. Die Mengen können bis zu 256 Elemente enthalten. Beispiele für Mengentypen:

```
Type Tage=Set of 1..31;
     Buchstaben=Set of 'A'..'Z';
     Zeichen=Set of Char;
     Werktage=Set of Mo..Sa;
Var  T:Tage;
     B:Buchstaben;
     Z:Zeichen;
     W:Werktage;
```

Einer Variablen vom Mengentyp können Werte mit einer Wertzuweisung zugewiesen werden, bei der rechts eine Auflistung der Elemente oder die Angabe eines Teilbereichs steht.

Beispiele:

```
T:=(.20..30.);
B:=(.'A','E','I','O','U'.);
Z:=(.Chr(65)..Chr(90).);
W:=(.Sa.);
```

Die Zuweisung der leeren Menge (..) ist bei jedem Typ möglich.

7.3.2 Operationen auf Mengen

In Turbo Pascal läßt sich überprüfen, ob ein vorgegebenes Element in einer Menge enthalten ist. Zwei Mengen gleichen Typs kann man vergleichen und durch Mengenoperationen miteinander verknüpfen.

7.3.2.1 Enthaltensein-Operator (in)

Mit dem reservierten Wort in läßt sich für eine Menge prüfen, ob ein vorgegebener Wert, der vom Grundtyp sein muß, dazu gehört. Die folgenden Anweisungen sind zulässig:

```
Repeat I:=I+1 until I in T;
If Zeichen in B then Write ('Vokal');
While not (Zeichen in Z) do Anweisung;
```

7.3.2.2 Vergleich zwischen Mengen

Für den Vergleich zweier Mengen gleichen Typs stehen die Vergleichsoperatoren (s. Abschnitt 5.4.1) zur Verfügung:

M1=M2 ist wahr, wenn die Mengen M1 und M2 die gleichen Elemente enthalten.
M1<M2 ist wahr, wenn M1 Teilmenge von M2 ist.
M1>M2 ist wahr, wenn M2 Teilmenge von M1 ist.

Entsprechend sind die zusammengesetzten Operatoren <>, <= und >= zu interpretieren.

7.3.2.3 Mengenoperatoren

Die Verknüpfung zweier Mengen wird durch arithmetische Operatoren gesteuert:

M1*M2 liefert die Schnittmenge von M1 und M2.
M1+M2 liefert die Vereinigungsmenge.
M1–M2 liefert die Differenzmenge.

Mit den Operatoren lassen sich weitere Vergleiche bilden: Wenn M1*M2=(..) gilt, sind die Mengen elementfremd.

7.4 Dateityp (File)

Ein File dient zum Abspeichern von Daten im Speicher, vornehmlich auf externen Speichern wie der Diskette. Beispiele für Files sind der Workfile im Arbeitsspeicher, die Files mit dem Sprachsystem Turbo Pascal und Ihre Programmfiles auf der Diskette. Auf einen File kann man mit seinem Namen zugreifen.

Ein File faßt (wie ein Array) Komponenten gleichen Typs zusammen. Als Komponententyp ist jeder Standardtyp und jeder benutzerdefinierte Typ zulässig, nur nicht ein Filetyp. Man kann sich die Komponenten wie beim eindimensionalen Array in einer linearen Folge angeordnet vorstellen. Im Gegensatz zum Array ist die Anzahl der Komponenten nicht von vornherein festgelegt, die Größe des Files (Filesize) läßt sich (innerhalb der Speicherkapazität) beliebig erweitern.

Auf die einzelnen Komponenten läßt sich nicht (wie beim Array) durch einen Index zugreifen. Der Zugriff auf einen File wird durch einen Zeiger (Pointer) gesteuert. Beim Öffnen des Files wird der Zeiger auf den ersten Platz im File gesetzt, auf diesen kann zugegriffen werden. Nach jedem Zugriff (Abspeichern eines Datensatzes im File oder Holen eines Datensatzes aus dem File) rückt der Zeiger auf den nächsten Platz vor. Man spricht von einem sequentiellen Zugriff auf den File.

Ein besonderer Fall liegt vor, wenn die Komponenten des Files vom Stringtyp sind. Dieser Sondertyp Textfile soll im folgenden Kapitel 8 im Zusammenhang mit der Textverarbeitung beschrieben werden. Hier soll vorausgesetzt werden, daß die Filekomponenten nicht vom Typ String sind. Das bedeutet: Alle Komponenten des Files haben die gleiche Länge. Mit der Komponentenlänge und der Anfangsadresse läßt sich ausrechnen, wo die n-te Komponente des Files gespeichert ist. Daher kann man gezielt darauf zugreifen (Random Access). Das leistet die Prozedur Seek (s. Abschnitt 7.4.3.5).

7.4.1 Definition eines Files

Ein Filetyp wird mit dem reservierten Wort File definiert, dem mit of der Typ der Komponenten anzufügen ist.

Beispiele für Filetypen:

```
Type Folgen=File of Array(.0..100.) of Integer;
     KundenDatei= File of
                    Record
                      Nr.:Integer;
                      Name:String(.20.);
                      PLZ:Array(.1..4.) of 0..9;
                      Ort,Strasse:String(.20.);
                    End;
Var  F:Folgen;
     D1,D2,D3:KundenDatei;
```

Die Variablen D1, D2 und D3 sind vom vorher definierten Filetyp KundenDatei.

Man kann den Typ auch innerhalb der Deklaration von Filevariablen festlegen. Das geschieht wie im folgenden Beispiel mit der Typangabe File of Komponententyp. Mit diesem Beispiel sollen die Fileoperationen beschrieben werden, daher sind weitere Definitionen und Deklarationen angegeben.

```
Type Zeile=String(.80.);
     Wort=String(.20.);
     Angebot=Array(.0..6.) of Zeile;
     Datum=Record
               Tag,Monat,Jahr:String(.2.);
           End;
     DatenSatz=Record
                   Name,Vorname:Wort;
                   Geb:Datum;
                   Strasse,PLZ,Ort,Tel:Wort;
               End;
     Menge=Set of Char;
Var  P1,P2,P3:Datensatz;
     Datei,Kopie:File of Datensatz;
     DateiName:String(.12.);
     Antwort, Wahl:Char;
     Ziffer,Zeichen,Buchstabe:Menge;
     Pfeil:Menge;
     I,Anzahl:Byte;
     Auswahl: Angebot;
     OK:Boolean;
```

7.4.2 Standardfunktionen für Files

Mit den folgenden Funktionen läßt sich der Zugriff auf Files steuern.

7.4.2.1 Filegröße (FileSize)

Der Aufruf mit FileSize(Datei) liefert die Anzahl der darin gespeicherten Datensätze. Für einen neu eingerichteten File erhält man den Wert 0.

Die Funktion FileSize wendet man z. B. beim Ergänzen einer Datei an, wenn man den Zeiger hinter den letzten gespeicherten Datensatz setzen will.

7.4.2.2 Zeigerposition (FilePos)

Der Aufruf mit FilePos(Datei) liefert die aktuelle Position des Filezeigers. Für die erste Komponente erhält man den Wert 0, für die letzte den Wert FileSize(Datei)−1.

Die Funktion FilePos wendet man z. B. beim Suchen eines Datensatzes aus der Datei an. Sie gibt die Position des gesuchten Datensatzes aus.

7.4.2.3 Ende des Files (EoF)

EoF ist eine Boolesche Funktion. Der Aufruf EoF(Datei) liefert den Wert True, wenn der Zeiger beim sequentiellen Durchgang am Ende angekommen ist.

Man kann die Funktion EoF immer dann anwenden, wenn man alle Datensätze durchgeht, etwa beim Suchen eines Datensatzes oder beim Auflisten. Der Durchgang läßt sich mit der Eingangsbedingung not EoF (Datei) steuern:

While not EoF (Datei) do Anweisung;

7.4.3 Zugriffsprozeduren

Der Zugriff auf Files wird anhand des Beispiels einer Datenbank beschrieben. Dabei werden die Typen und Variablen zugrundegelegt, die der Deklarationsteil in Abschnitt 7.4.1 enthält. Als Filevariablen werden die Typen und Variablen zugrundegelegt, die der Deklarationsteil in Abschnitt 7.4.1 enthält. Als Filevariablen werden Datei und Kopie verwendet.

7.4.3.1 Zuweisen eines Namens (Assign)

Auf einen File greift man mit seinem Namen zu. Wenn Sie einen neuen File anlegen wollen, müssen Sie zunächst einen geeigneten Namen auswählen. Was dabei zu beachten ist, wird in Abschnitt 3.5.3 beschrieben.

Damit von einem Programm her auf diesen File zugegriffen werden kann, muß eine Filevariable deklariert werden (im Beispiel Datei oder Kopie). Der Variablen wird der Filename zugewiesen, dann kann man mit dem Variablennamen auf den File zugreifen. Die Zuweisung des Filenamens an die Filevariable leistet die Prozedur Assign.

Beispiel für die Zuweisung eines Namens:

```
Write('Bitte geben Sie den Dateinamen ein: ');
Readln(DateiName);
Assign(Datei,DateiName);
```

Statt der Variablen DateiName kann man auch eine Konstante an die Prozedur Assign übergeben:

```
Assign(Datei,'Kunden.Dat');
```

7.4.3.2 File einrichten (Rewrite)

Mit dem Prozeduraufruf Rewrite(Datei) wird ein File unter dem Namen eingerichtet, der der Filevariablen Datei zugewiesen wurde. Der File ist noch leer, d.h. FileSize(Datei) liefert den Wert 0 und EoF(Datei) den Wert True. Der Zeiger weist auf die erste Komponente, FilePos(Datei) ergibt 0.

Der Rewrite-Aufruf ist mit Vorsicht anzuwenden: Besteht schon ein File unter dem übergebenen Filenamen, dann werden alle darin gespeicherten Datensätze gelöscht. Man sollte daher das Einrichten eines neuen Files aus Anwenderprogrammen heraus- und in gesonderte Einrichtungsprogramme hineinnehmen. Vor die Ausführung der Rewrite-Anweisung sollte man eine Sicherheitsabfrage setzen (s. Abschnitt 7.4.3.9).

7.4.3.3 Öffnen für Zugriff (Reset)

Vor dem Zugriff auf einen File muß man ihn öffnen, nach Beendigung der Arbeit wieder schließen. In Turbo Pascal wird nicht zwischen dem Öffnen für lesenden und dem Öffnen für schreibenden Zugriff unterschieden.

Mit dem Aufruf Reset(Datei) ist der File, dessen Name der Variablen Datei zugewiesen wurde, für den lesenden und schreibenden Zugriff geöffnet. Der Zeiger weist auf die erste Komponente, FilePos(Datei) ergibt 0.

7.4.3.4 Datensatz schreiben (Write)

Der von der Variablen P1 aufgenommene Datensatz wird mit dem Aufruf Write(Datei,P1) auf den Platz des Files gespeichert, auf den der Filezeiger weist. Will man auf einen bestimmten Platz abspeichern, kann man den Zeiger mit der Seek-Prozedur dorthin positionieren.

Mit einem Aufruf lassen sich mehrere Datensätze abspeichern. Man schreibt sie (durch Kommata getrennt) in die Write-Anweisung. So werden mit Write(Datei,P1,P2,P3) drei Datensätze in den File abgespeichert. Nach jedem schreibenden Zugriff wird der Zeiger auf den folgenden Platz gesetzt.

7.4.3.5 Zeiger einstellen (Seek)

Mit dem Aufruf Seek(Datei,n) stellt man den Zeiger auf den Platz n des Files, dessen Name Datei zugewiesen wurde. Der erste Platz hat die Nummer 0, der letzte die Nummer FileSize(Datei)–1. Der mit Seek angesprochene Platz des Files steht für den nächsten (lesenden oder schreibenden) Zugriff offen.

Die Prozedur Seek läßt sich einsetzen, wenn man einen Datensatz an einen bestimmten Platz abspeichern will. Soll die Datei ergänzt werden, d.h. will man einen neuen Datensatz an die bisherigen anschließen, kann man vorher die Anweisung

```
Seek(Datei,FileSize(Datei));
```

geben, mit der der Zeiger auf den ersten freien Platz hinter den belegten Plätzen gesetzt wird.

7.4.3.6 Datensatz lesen (Read)

Der Datensatz, auf den der Zeiger weist, kann mit dem Aufruf Read (Datei,P1) aus dem File geholt und der Variablen P1 zugewiesen werden. Nach jedem lesenden Zugriff wird der Filezeiger auf den folgenden Platz gesetzt. Will man den Datensatz eines bestimmten Platzes holen, setzt man vorher mit Seek den Zeiger dorthin.

Mit der Anweisung Read(Datei,P1,P2,P3) lassen sich drei aufeinanderfolgende Datensätze lesen.

7.4.3.7 Puffer leeren (Flush)

Es wäre sehr zeitaufwendig, wenn jeder schreibende Zugriff das Diskettenlaufwerk in Gang setzen würde. Daher gibt es einen internen Puffer, der die Datensätze aufnimmt und erst dann auf der Diskette abspeichert, wenn er gefüllt ist oder wenn der File geschlossen wird.

Mit dem Aufruf Flush(Datei) wird der Inhalt des Puffers auf die Diskette geschrieben, wenn seit dem letzten Abspeichern ein schreibender Zugriff erfolgte. Auch sorgt Flush dafür, daß beim nächsten lesenden Zugriff wirklich von der Diskette gelesen wird.

7.4.3.8 File schließen (Close)

Der File, dessen Name der Variablen Datei zugewiesen wurde, wird mit Close(Datei) geschlossen, danach ist kein Zugriff mehr möglich. Mit der Close-Anweisung wird der Inhalt des Puffers abgespeichert und die File-Verwaltung auf den neusten Stand gebracht.

7.4.3.9 File umbenennen (Rename)

Mit dem Aufruf Rename(Datei,DateiName) läßt sich der File, dessen Name der Variablen Datei zugeordnet wurde, umbenennen. Der neue Name ist nach den Vorgaben von Abschnitt 3.5.3 zu bilden und der Variablen FileName zuzuweisen.

Ist der File für den Zugriff geöffnet, sollte man ihn nicht umbenennen.

Der Benutzer ist dafür verantwortlich, daß der neue Filename noch nicht existiert. Sonst können mehrere Files gleichen Namens entstehen, und ein eindeutiger Zugriff ist nicht möglich. Um diese Schwierigkeit zu vermeiden, kann man mit der folgenden Funktion vor einem Rename-Aufruf abfragen, ob der Name schon vorhanden ist.

```
Function Vorhanden(FileName:Wort):Boolean;
Var F:File;       (* File ohne Typangabe *)
Begin  Assign(F,FileName);
  (*I-*)        (* schaltet Compilerdirektive I aus *)
  Reset(F);
  (*I+*)          (* aktiviert Compilerdirektive I *)
  Vorhanden:=(IOResult=0);
End;
```

Die Funktion liefert den Wert True, wenn der Name schon vorhanden ist. Einem Umbenennen sollte man die Bedingung not (Vorhanden(File Name)) voranstellen. Was die Compilerdirektive I und die Funktion IOResult bewirken, wird in den Abschnitten 9.4 bzw. 8.4.7 besprochen.

7.4.3.10 Filenamen löschen (Erase)

Mit dem Aufruf Erase(Datei) wird der Filename, der der Variablen Datei zugewiesen wurde, aus dem Inhaltsverzeichnis der Diskette gelöscht (s. CP/M-Kommando ERA in Abschnitt 1.3.3).

7.4.4 Anwendung: Datenbank

Mit dem Deklarationsteil von Abschnitt 7.4.1 sollen einige Ausschnitte aus einem Datenbank-Programm zeigen, wie sich die File-Funktionen und -Prozeduren einsetzen lassen.

Mit der Prozedure DateiErgaenzen lassen sich neue Datensätze in die Datenbank eingeben:

```
Procedure DateiErgaenzen;
Var I:Integer;
Begin Reset(Datei);
  Seek(Datei,FileSize(Datei));
  Repeat  Maske;
  T(4,40,'Ein neuer Datensatz wird angefügt');
  T(5,40,'--------------------------------');
  DatenEingeben(P1);
  Write(Datei,P1);
  T(24,40,'Noch ein Datensatz?  sonst N    ');
  Read(Antwort);
  until UpCase(Antwort)='N';
  Close(Datei);
  End;
```

Die Positionszahlen in der Ausgabeprozedur T beziehen sich auf die Maske, die für die Eingabe und Ausgabe der Datensätze auf dem Bildschirm erscheint:

```
Procedure Maske;
Begin Kopf;
  T( 5,1,'Datensatz:');
  T( 8,1,'Nachname              : <                    >');
  T( 9,1,'Vorname               : <                    >');
  T(10,1,'GebDatum (ttmmjj)     : <      >');
  T(11,1,'Straße und HausNummer: <                         >');
  T(12,1,'Postleitzahl und Ort : <    ><                        >');
  T(13,1,'TelefonNummer         : <            >');
End;
```

Mit der folgenden Prozedur wird der Datensatz vom Platz mit Nummer Nr auf dem Bildschirm ausgegeben:

```
Procedure Ausgabe(Nr:Byte);
Begin Reset(Datei);
  Seek(Datei,Nr-1);
  Read(Datei,P1);
  Maske;
  With P1 do Begin
     T(8,25,Name);T(9,25,Vorname);
     T(10,25,Geb.Tag);T(10,27,Geb.Monat);
     T(10,29,Geb.Jahr);
     T(11,25,Strasse);T(12,25,PLZ);T(12,31,Ort);
     T(13,25,Tel);End ;
  Close(Datei);
End; (* Ausgabe *)
```

Abschließend sei angegeben, wie das Menü der Datenbank programmiert wurde, durch das der Anwender mit Pfeiltasten hindurchgehen und die gewünschte Operation mit RETURN auswählen kann.

```
Function ZeilenAuswahl(Menu:Angebot;Anfang,Ende:Byte):Byte;
Var I:Byte;
Begin
  For I:=Anfang to Ende do
            T(I+11,12,Menu(.I.));
  I:=Anfang;
  Repeat InvEin;  (* Inversschrift *)
    T(I+11,12,Menu(.I.));
    Read(Kbd,Wahl);   (* Eingabe vom Keyboard *)
    Case Ord(Wahl) of
      139:Begin InvAus;T(I+11,12,Menu(.I.));
              (* Pfeil nach unten *)
              If I<Ende then I:=I+1 else I:=Anfang;End;
      137:Begin InvAus;T(I+11,12,Menu(.I.));
              (* Pfeil nach oben *)
              If I>Anfang then I:=I-1 else I:=Ende;End;
       13:ZeilenAuswahl:=I;   (* Return-Taste *)
    End; (* Case *)
  until Wahl=Chr(13);
  InvAus;End; (* ZeilenAuswahl *)
```

```
Procedure Menu;
Var I,Anzahl:Byte;
Begin
  Anzahl:=5;
  Auswahl(.1.):=' Datei ergänzen    ';
  Auswahl(.2.):=' Datensatz suchen  ';
  Auswahl(.3.):=' Datensatz ändern  ';
  Auswahl(.4.):=' Datensatz löschen ';
  Auswahl(.5.):=' ... Schluß machen ';

Repeat Kopf;T(7,5,'Auswahl-Angebot zur Datenbank');
  Z(8,2,40,'-');
  For I:=1 to Anzahl do Begin
  C(11+I,0);Write(I:7,' : ',Auswahl(.I.));End;
  T(13+Anzahl,3,'Sie können mit den Pfeiltasten ');
  Write(Chr(223),Chr(219),Chr(223));Write(' und ');
  Write(Chr(223),Chr(220),Chr(223));
  T(14+Anzahl,3,'durch das Angebot gehen und dabei mit');
  T(15+Anzahl,3,'der RETURN-Taste auswählen.');
  I:=ZeilenAuswahl(Auswahl,1,Anzahl);
  T(22,40,'Gewählt  wurde Kennziffer ');Write(I:2);P;P;
  Case I of
    1:DateiErgaenzen;
    2:Suchen;
    3:Aendern;
    4:Loeschen;
    5:T(23,50,'Tschüß !!!');
  End; (* Case *)
until I=5;
```

Die Programmteile zur Verwaltung einer Datenbank sollen nun in einem Gesamtprogramm Datenbank zusammengefaßt werden. Was das Programm leistet, geht aus dem Menu (Zeilen 266 bis 270) hervor. Wie die Datensätze strukturiert sind, zeigt die Maske in den Zeilen 79 bis 86. Der Benutzer kann die Strukturierung der Datensätze nicht selbst vorgeben.

Das Programm enthält einige Teile, mit denen die Handhabung erleichtert und Benutzerfehler vermieden werden. So ist z. B. die Eingabe der Daten benutzersicher programmiert worden. Die vorgesehene Länge kann nicht überschritten werden und es werden nur Zeichen des jeweils vorgegebenen Zeichenvorrats angenommen. Man kann die bisherigen Werte stehen lassen, und eine Eingabe wird solange wiederholt, bis sie korrekt ist.

```
Program Datenbank;
  (*$U+,R+*)
Type Zeile=String(.80.);
     Wort=String(.20.);
     Angebot=Array(.0..6.) of Zeile;
     Datum=Record
              Tag,Monat,Jahr:String(.2.);
             End;
     Anrede=(Frau,Herr);
     DatenSatz=Record
                  An,Name,Vorname:Wort;
                  Geb:Datum;
                  Strasse,PLZ,Ort,Tel:Wort;
                 End;
     Menge=Set of Char;
Var  P1,P2:Datensatz;
     Datei,Kopie:File of Datensatz;
     DateiName:String(.12.);
     Antwort, Wahl:Char;
     Ziffer,Zeichen,Buchstabe:Menge;
     Pfeil:Menge;
     I,Anzahl:Byte;
     Auswahl:Angebot;
     OK:Boolean;
Procedure C(X,Y:Byte);
  Begin GotoXY(Y,X) End;
Procedure P;
  Const PL=200;
  Begin Delay(PL);End;
Procedure G;
  Begin Write(chr(7)) End;
Procedure T(X,Y:Byte;Text:Zeile);
  Begin C(X,Y);Write(Text);End;
Procedure Z(X,Y,L:Byte;Zeichen:Char);
  Var I:Byte;
  Begin C(X,Y);For I:=1 to L do Write(Zeichen);End;
Procedure Weiter(X,Y:Byte);
  Begin T(X,Y,'Weiter? dann RETURN  ');G;Read;Z(X,Y,26,' ');End;
Procedure Kopf;
  Var I:Byte;
  Begin ClrScr;Write(Chr(223));
    C(1,1);Write(' `dddddddddddddddddddddddddddddddddddddddddddj');
           Write('ddddddddddddddddddddddddddddddddda );
    C(2,1);Write('e                                          e');
           Write('                                 e');
    C(3,1);Write('bddddddddddddddddddddddddddddddddddddddddddk');
           Write('ddddddddddddddddddddddddddddddddddc');
           Write(Chr(223));
    T(2,4,'Einführung in Turbo-Pascal unter CPM 80');P;
    T(2,49,'Einfache Datenbank'); End; (* Kopf *)
Procedure InvEin;
  Begin Write(Chr(28)); End;
Procedure InvAus;
  Begin Write(Chr(18)); End;
Procedure Rahmen(X,Y,L,H:Byte);
  Var I:Byte;
  Begin Write(Chr(223));
    Z(X,Y,1,'``');Z(X,Y+1,L-2,'d');Z(X,Y+L-1,1,'a');
```

```
        For I:=1 to H-2 do
          Begin Z(X+I,Y,1,´e´);Z(X+I,Y+L-1,1,´e´);End;
        Z(X+H-1,Y,1,´b´);Z(X+H-1,Y+1,L-2,´d´);Z(X+H-1,Y+L-1,1,´c´);
        Write(Chr(223));P;P;End; (* Rahmen *)
    Procedure Anfang;
      Begin Ziffer:=(.´0´..´9´.);
            Buchstabe:=(.´A´..´Ü´,´a´..´ß´.);
            Zeichen:=(.´ ´..´ß´.);
            Pfeil:=(.Chr(130),Chr(137),Chr(139),Chr(8),Chr(13).);
      End; (* Anfang *)
    Procedure Leer(Var P:Datensatz);
      Const L=´´;
      Begin With P do Begin
         An:=L;Name:=L;Vorname:=L;
         Geb.Tag:=L;Geb.Monat:=L;Geb.Jahr:=L;
         Strasse:=L;PLZ:=L;Ort:=L;Tel:=L;End;
    End; (* Leer *)
    Procedure Maske;
      Begin Kopf;
      T(5,1,´Datensatz:´);
      T(7,1,´Anrede(1=Frau,2=Herr): < >´);
      T(8,1,´Nachname             : <                >´);
      T(9,1,´Vorname              : <                >´);
      T(10,1,´GebDatum (ttmmjj)    : <      >´);
      T(11,1,´Straße und HausNummer: <                >´);
      T(12,1,´Postleitzahl und Ort : <    ><                    >´);
      T(13,1,´TelefonNummer        : <            >´);
    End;  (* Maske *)

    Procedure Eingabe(Var Ein:Wort;X,Y,L:Byte;Z:Menge);
      Var I,J:Byte;Zeichen:Char;
          Puffer:Wort;
      Begin I:=0; Puffer:=´´;
      Repeat C(X,Y+I);Read(Kbd,Zeichen);
        If Zeichen In Z then
          Begin I:=I+1;Puffer:=Puffer+Zeichen;
                Write(Puffer(.I.));End
          else Case Ord(Zeichen) of
              8:If I>0 then Begin Delete(Puffer,I,1);
                            I:=I-1; T(X,Y+I,´ ´);End;
              13:;
            End;
       until (Ord(Zeichen)=13) Or (I=L);
       G;If I>0 then Ein:=Puffer;
     End; (* Eingabe *)
     Procedure DatenEingeben(Var P:Datensatz);
       Var ZAnr,ZName,ZStr,ZTel:Menge;
           D:Wort;
       Begin ZAnr:=(.´1´,´2´.);
             ZName:=(.´ ´,´-´,´.´,´/´.)+Buchstabe;
             ZStr:=ZName+Ziffer;
             ZTel:=(.´/´,´(´,´)´.)+Ziffer;
           With P do Begin
              Eingabe(An,7,25,1,ZAnr);
              Eingabe(Name,8,25,16,ZName);
              Eingabe(Vorname,9,25,16,ZName);
              Repeat T(10,25,´      ´);
                Eingabe(D,10,25,6,Ziffer);
                Geb.Tag:=Copy(D,1,2);
```

```
              Geb.Monat:=Copy(D,3,2);
              Geb.Jahr:=Copy(D,5,2);
            until Length(D)=6;
            Eingabe(Strasse,11,25,20,ZStr);
            Eingabe(PLZ,12,25,4,Ziffer);
            While Length(PLZ)<4 do PLZ:=PLZ+'0';
            Eingabe(Ort,12,31,20,ZName);
            Eingabe(Tel,13,25,12,ZTel);
          End;
    End;  (* DatenEingeben *)
  Procedure DateiErgaenzen;
    Var I:Integer;
    Begin
    Seek(Datei,FileSize(Datei));
    Repeat
    Maske;T(4,40,'Ein neuer Datensatz wird angefügt');
          T(5,40,'--------------------------------');
    DatenEingeben(P1);
    Write(Datei,P1);
    T(24,40,'Noch ein Datensatz?  sonst N   ');
    Read(Antwort);
    until UpCase(Antwort)='N';
    Flush(Datei);
  End; (* DateiErgaenzen *)

  Procedure Ausgabe1(D:Datensatz;Nr:Byte);
  Begin  Maske;
     C(5,15);Write(Nr:3);
     With D do Begin
       T(7,25,An);T(8,25,Name);T(9,25,Vorname);
       T(10,25,Geb.Tag);T(10,27,Geb.Monat);T(10,29,Geb.Jahr);
       T(11,26,Strasse);T(12,25,PLZ);T(12,31,Ort);
       T(13,25,Tel);End ;
  End; (* Ausgabe1 *)
  Procedure Ausgabe(Nr:Byte);
  Var P1:Datensatz;
  Begin Seek(Datei,Nr-1);
        Read(Datei,P1);
        Ausgabe1(P1,Nr);
  End; (* Ausgabe *)

  Procedure Listen(Anfang:Byte);
  Var D:Datensatz;
      Stop:Boolean;
      I:Byte;Ze:Char;
  Begin Kopf;
    T(4,40,'Die Datensätze werden aufgelistet.');
    T(5,39,'------------------------------------');
    T(7,40,'Sie können mit beliebiger Taste');
    T(8,40,'den nächsten Satz holen');
    T(9,40,'und mit  <Esc) abbrechen.');
    Weiter(24,50);
    I:=Anfang-1; Stop:=False;
    Seek(Datei,I);
    While (not EoF(Datei)) and (not Stop) do
      Begin Read(Datei,D);I:=I+1;
      Ausgabe1(D,I);
      Read(Kbd,Ze); If Ze=Chr(27) then Stop:=True;End;
  End; (* Listen *)
```

```
Procedure Aendern;
Var D:Datensatz;
    Nr:Byte;
    Antwort:Char;
Begin  Repeat Kopf;
  T(4,40,'Sie können einen Datensatz ändern.');
  T(5,39,'----------------------------------');
  T(16,30,'Soll vorher aufgelistet werden (sonst N)? ');
  Read(Kbd,Antwort);
  If UpCase(Antwort)<>'N'
    then Begin T(17,30,'Ab welcher Nummer (Beginn=1) ? ');
      Readln(Nr);Listen(Nr);End;
  T(19,30,'Welcher Datensatz soll geändert werden?');
  T(20,30,'Nummer: ');Readln(Nr);
  Seek(Datei,Nr-1);Read(Datei,D);
  Ausgabe1(D,Nr);
  T(4,40,'Geben Sie die geänderten Daten ein.');
  DatenEingeben(D);
  T(16,35,'Der Datensatz ist geändert.');
  T(17,35,'Soll er noch einmal zur Kontrolle');
  T(18,35,'ausgegeben werden (sonst N) ? ');
  Read(Kbd,Antwort);
  If UpCase(Antwort)<>'N' then Ausgabe1(D,Nr);
  T(20,35,'Soll abgespeichert werden (sonst N) ? ');
  Read(Kbd,Antwort);
  If UpCase(Antwort)<>'N'
    then Begin Seek(Datei,Nr-1);Write(Datei,D);End;
  T(22,35,'Noch einen Datensatz ändern (sonst N) ? ');
  Read(Kbd,Antwort);
  until UpCase(Antwort)='N';
  Flush(Datei);
End;  (* Aendern *)

(*$IDSuchen.Pas*)

Procedure Loeschen;
Var D:Datensatz;
    I,Nr:Byte;
    Antwort:Char;
Begin
  Repeat Kopf;
  T(4,40,'Sie können einen Datensatz löschen.');
  T(5,39,'---------------------------------- );
  T(16,30,'Soll vorher aufgelistet werden (sonst N)? ');
  Read(Kbd,Antwort);
  If UpCase(Antwort)<>'N'
    then Begin T(17,30,'Ab welcher Nummer (Beginn=1) ? ');
      Readln(Nr);Listen(Nr);End;
  T(19,30,'Welcher Datensatz soll gelöscht werden?');
  T(20,30,'Nummer: ');Readln(Nr);
  Seek(Datei,Nr-1);Read(Datei,D);
  Ausgabe1(D,Nr);
  T(4,35,'Soll wirklich gelöscht werden (dann J) ? ');
  Read(Kbd,Antwort);
  If UpCase(Antwort)='J'
    then Begin Leer(D);Ausgabe1(D,Nr);
      Seek(Datei,Nr-1);Write(Datei,D);
      T(4,40,'Der Datensatz ist gelöscht !');End;
  T(17,40,'Soll noch ein Datensatz gelöscht');
  T(18,40,'werden (sonst N) ? ');Read(Kbd,Antwort);
```

```
    until UpCase(Antwort)='N';
    Weiter(24,50);
  End; (* Loeschen *)


  Procedure Menu;
    Var I,Anzahl:Byte;
    Function ZeilenAuswahl(Anfang,Ende:Byte):Byte;
    Var I:Byte;
    Begin For I:=Anfang to Ende do
      T(I+11,12,Auswahl(.I.));
      I:=Anfang;
      Repeat InvEin;
        T(I+11,12,Auswahl(.I.));
        Read(Kbd,Wahl);
        Case Ord(Wahl) of
          139:Begin InvAus;T(I+11,12,Auswahl(.I.));
                If I<Ende then I:=I+1 else I:=Anfang;End;
          137:Begin InvAus;T(I+11,12,Auswahl(.I.));
                If I>Anfang then I:=I-1 else I:=Ende;End;
          13:ZeilenAuswahl:=I;
        End; (* Case *)
      until Wahl=Chr(13);
      InvAus;End; (* ZeilenAuswahl *)

    Begin
      Anzahl:=5;
      Auswahl(.1.):=' Datei ergänzen    ';
      Auswahl(.2.):=' Datensatz suchen  ';
      Auswahl(.3.):=' Datensatz ändern  ';
      Auswahl(.4.):=' Datensatz löschen ';
      Auswahl(.5.):=' ... Schluß machen ';
      Repeat Kopf;T(7,5,'Auswahl-Angebot zur Datenbank');
      Z(8,2,40,'-');
      For I:=1 to Anzahl do Begin
        C(11+I,0);Write(I:7,' :  ',Auswahl(.I.));End;
      T(13+Anzahl,3,'Sie können mit den Pfeiltasten ');
      Write(Chr(223),Chr(219),Chr(223));Write(' und ');
      Write(Chr(223),Chr(220),Chr(223));
      T(14+Anzahl,3,'durch das Angebot gehen und dabei mit');
      T(15+Anzahl,3,'der RETURN-Taste auswählen.');
      I:=ZeilenAuswahl(1,Anzahl);
      Case I of
        1:DateiErgaenzen;
        2:Suchen;
        3:Aendern;
        4:Loeschen;
        5:T(23,50,'Tschüß !!!');
      End; (* Case *)
      until I=5;
      End; (* Menu *)
  Begin (* Hauptprogramm *)
        Assign(Datei,'PDatei2.dta');
        Assign(Kopie,'PDatei2.bak');
        Reset(Datei);
        Anfang;
        Menu;
        Close(Datei);
        Weiter(24,50);
  End.  (* Datenbank *)
```

Mit der Prozedur Suchen lassen sich die gespeicherten Datensätze nach Sätzen mit vorgegebenen Merkmalen durchsuchen. Der Benutzer kann für das Durchsuchen einen oder zwei Schlüssel vorgeben. So kann er alle Datensätze einer vorgegebenen Postleitzahl ausgeben lassen oder den Datensatz mit vorgegebenen Vor- und Nachnamen.

Die Prozedur Suchen ist gesondert abgespeichert und wird in Zeile 212 als Include-File (s. Abschnitt 9.3.1) eingebunden.

```
Procedure Suchen;
Var D,P1:Datensatz;
    Nr,I,Anzahl:Byte;
    Antwort:Char;
    S:Array(.1..2.) of Byte;
    Stop:Boolean;
    Gleich:Array(.1..2.) of Boolean;
Begin Repeat Kopf;
  T(4,5,'Suchen von Datensätzen in der Datei');
  T(5,4,'-------------------------------------');
  T(7,5,'Sie können die Datei nach einem oder zwei der folgenden');
  T(8,5,'Schlüssel durchsuchen lassen:');
  T(10,11,'Nachname           (1)');
  T(11,11,'Vorname            (2)');
  T(12,11,'Geb.Tag            (3)');
  T(13,11,'Geb.Monat          (4)');
  T(14,11,'Geb.Jahr           (5)');
  T(15,11,'PLZ                (6)');
  Repeat T(17,5,'Wollen Sie einen oder zwei Schlüssel? ');
    Readln(Anzahl);until Anzahl in (.1..2.);
  If Anzahl = 1
    then Begin T(17,5,'Geben Sie die Nummer des Schlüssels ein.');
      T(19,11,'Schlüssel          ( )');
      Repeat C(19,29);Readln(S(.1.));until S(.1.) in (.1..6.);End
    else Begin
      T(17,5,'Geben Sie die Ziffern der beiden Schlüssel ein.');
      T(19,11,'Erster Schlüssel ( )');
      Repeat C(19,29);Readln(S(.1.)); until S(.1.) in (.1..6.);
      T(20,11,'Zweiter Schlüssel( )');
      Repeat C(20,29);Readln(S(.2.)); until S(.2.) in (.1..6.);End;
  Kopf;Leer(D);
  T(4,5,'Suchen von Datensätzen in der Datei');
  T(5,4,'-------------------------------------');
  If Anzahl = 1
     then T(7,5,'Geben Sie den Wert des Schlüssels ein.')
     else T(7,5,'Geben Sie die Werte der beiden Schlüssel ein.');
  For I:=1 to Anzahl do
    Case S(.I.) of
     1:Begin T(8+I,5,'Nachname: ');Readln(D.Name);End;
     2:Begin T(8+I,5,'Vorname: ');Readln(D.Vorname);End;
     3:Begin T(8+I,5,'Geb.Tag (2 Ziffern): ');
         Readln(D.Geb.Tag);End;
     4:Begin T(8+I,5,'Geb.Monat (2 Ziffern): ');
        Readln(D.Geb.Monat);End;
     5:Begin T(8+I,5,'Geb.Jahr (2 Ziffern): ');
       Readln(D.Geb.Jahr);End;
```

```
        6:Begin T(8+I,5,'PLZ (4 Ziffern):    ');Readln(D.PLZ);End;
        End; (* Case *)
      Weiter(24,50);
      Kopf;
      T(4,40,'Die Datei wird durchsucht ...');
      Reset(Datei);Nr:=0;Stop:=False;
      While (not EoF(Datei)) and (not Stop) do Begin
      Read(Datei,P1);Nr:=Nr+1;
      For I:=1 to Anzahl do Begin Gleich(.I.):=False;
        Case S(.I.) of
        1:If D.Name=P1.Name then Gleich(.I.):=True;
        2:If D.Vorname=P1.Vorname then Gleich(.I.):=True;
        3:If D.Geb.Tag=P1.Geb.Tag then Gleich(.I.):=True;
        4:If D.Geb.Monat=P1.Geb.Monat then Gleich(.I.):=True;
        5:If D.Geb.Jahr=P1.Geb.Jahr then Gleich(.I.):=True;
        6:If D.PLZ=P1.PLZ then Gleich(.I.):=True;
        End; (* Case *) End;
    If Anzahl=1 then Gleich(.2.):=True;
    If Gleich(.1.) and Gleich(.2.) then Begin
        Ausgabe1(P1,Nr);
        T(17,30,'Weiter mit beliebiger Taste,');
        T(18,30,'abbrechen mit <Esc>. ');Read(Kbd,Antwort);
        If Antwort=Chr(27) then Stop:=True;End;
    End; (* While *)
    If EoF(Datei) then T(22,30,'Durchsuchen beendet ...');
    T(23,30,'Noch einmal suchen (sonst N) ? ');Read(Kbd,Antwort);
    until UpCase(Antwort)='N';
    Weiter(24,50);
    End; (* Suchen *)
```

Das Programm Datenbank läßt sich zur Verwaltung von Datensätzen gut einsetzen, ist jedoch nach Umfang, Benutzerfreundlichkeit und Benutzersicherheit nicht als professionell zu bezeichnen. Es kann aber einen Einblick in die Programmiertechnik geben, die bei der Erstellung komplexer Benutzer-Programme eingesetzt wird.

Abschließend sei angemerkt, daß sich das Programm Datenbank mit dem Textbearbeitungsprogramm in Abschnitt 6.6 zu einem System zusammenkoppeln läßt, mit dem man z. B. gleichlautende Briefe an einen vorgegebenen Adressatenkreis schreiben lassen kann.

8 Textverarbeitung

Die Verarbeitung von Texten ist ein wichtiger Einsatzbereich von Computern. Für das Erstellen von Programmen, mit denen sich Texte schreiben und korrigieren lassen, bietet Turbo Pascal mehrere Vorzüge gegenüber anderen Programmiersprachen:

1. Der Datentyp String ist als Standardtyp verfügbar.
2. Für den Stringtyp sind zweckmäßige Prozeduren und Funktionen vorhanden.
3. Als besonderer Filetyp ist der Textfile verfügbar.
4. Mit Hilfe besonderer Textfiles, die standardmäßig vorhanden sind, läßt sich der Zugriff auf Ausgabegeräte wie Bildschirm oder Drucker und Eingabegeräte wie die Tastatur einfach steuern.

In diesem Kapitel soll das String-Konzept von Turbo Pascal beschrieben werden. Wie sich die String-Operationen einsetzen lassen, soll das Beispiel Finden und Ersetzen zeigen. Schließlich wird in die Handhabung von Textfiles eingeführt. Damit haben Sie alle Mittel in der Hand, mit denen Sie sich ein eigenes Editor-Programm schreiben können.

8.1 Datentyp String

Der Datentyp String wurde schon in Abschnitt 5.1.3.2 vorgestellt. Bei der Definition eines speziellen Stringtyps oder der Deklaration einer Stringvariablen hat man die maximale Anzahl der Zeichen anzugeben:

```
Type String12=String(.12.);
     Zeile80=String(.80.);
     MaxString=String(.255.)
Var  FileName:String12;
     Zeile:Zeile80;
     Bildschirm: Array(.1..24.) of Zeile80;
     Wort:String(.18.);
```

Auf diese Variablen bezieht sich die folgende Beschreibung. Einer Stringvariablen lassen sich Ketten aus den verfügbaren Zeichen als Werte zuweisen. Auch Steuerzeichen werden aufgenommen, wenn ihre Eingabe mit Ctrl-P eingeleitet wurde (s. Abschnitt 2.3.4.8). Die Steuerzeichen werden auf dem Bildschirm in inverser Schrift wiedergegeben.

Einer Stringvariablen wie Zeile kann man Zeichenketten bis zur maximalen Länge zuweisen. Das kann mit einer Wertzuweisung := oder mit einer Eingabeanweisung (Read) geschehen. Die aktuelle Länge, d.h. die Anzahl der aufgenommenen Zeichen, wird auf Platz 0 gespeichert und kann mit der Funktion Length (Zeile) abgerufen werden. Durch seine variable Länge unterscheidet sich der Stringtyp vom Zeichenarray (s. Abschnitt 7.1.4).

8.2 Stringoperationen

Für die Anwendung auf Strings bietet Turbo Pascal eine Reihe von Prozeduren und Funktionen an. Die folgende Beschreibung bezieht sich auf die Stringvariablen Zeile und Wort.

8.2.1 Einfügen in String (Insert)

Mit der Prozedur Insert läßt sich dem Wert einer Stringvariablen eine Zeichenkette, das kann eine Stringkonstante oder der Wert einer Stringvariablen sein, an einer vorgegebenen Stelle einfügen. Die Stelle wird mit der Nummer des Platzes angegeben, an dem das erste Zeichen der einzufügenden Kette stehen soll. Der Aufruf Insert (Wort, Zeile,Nummer) setzt den Wert von Wort so in den Wert von Zeile ein, daß das erste Zeichen von Wort den Wert von Nummer als Platznummer im Ergebnisstring hat. Alle Zeichen von Zeile, deren Platznummer größer als Nummer-1 war, werden um so viele Plätze nach rechts verschoben, wie die Länge von Wort angibt. Wird dabei die maximale Länge von Zeile überschritten, dann gehen die überzähligen Zeichen verloren. Liegt der Wert von Nummer außerhalb von 0...255, erfolgt eine Runtime-Fehlermeldung.

Beispiel für das Einfügen:

Haben Zeile den Wert 'Turbo Editor' und Wort den Wert 'Pascal', dann hat nach dem Aufruf Insert (Wort, Zeile, 7) Zeile den Wert 'Turbo PascalEditor' und nach dem Aufruf Insert ('-', Zeile, 13) den Wert 'Turbo Pascal-Editor'.

8.2.2 Löschen aus String (Delete)

Mit der Prozedur Delete kann man aus einem String wie z.B. Zeile einen Teilstring löschen. Zur Kennzeichnung des Teilstrings werden die Platznummer des ersten Zeichens und die Anzahl der Zeichen an die Prozedur übergeben. Der Aufruf heißt allgemein Delete (Zeile, Nummer, Anzahl). Beispiel für das Löschen eines Teilstrings:

Der Wert von Zeile sei 'Die String-Prozeduren von Turbo Pascal', dann ergibt sich durch den Aufruf Delete (Zeile, 27, 6) der Wert 'Die String-Prozeduren von Pascal' und mit Delete (Zeile, 1, 4) der Wert 'String-Prozeduren von Pascal'.

Der Wert von Nummer darf den Bereich 0...255 nicht überschreiten, sonst erfolgt eine Fehlermeldung beim Ablauf. Geht man mit Nummer und Anzahl über die Länge von Zeile hinaus, dann wird nur der Teil innerhalb von Zeile gelöscht.

8.2.3 Teilstring aus String (Copy)

Mit der Stringfunktion Copy läßt sich ein Teilstring aus dem String Zeile herauskopieren (s. Abschnitt 5.2.3.2). Die Anweisung

Wort:=Copy (Zeile,Nummer,Anzahl);

weist der Variablen Wort den Teilstring von Zeile zu, dessen erstes Zeichen die angegebene Platznummer hat und dessen Länge mit Anzahl vorgegeben ist. Der Wert von Zeile bleibt ungeändert.

Beispiel für das Herauskopieren:

Hat Zeile den Wert 'Textverarbeitung', dann liefert Copy (Zeile,8,6) den Wert 'arbeit'.

Liegt Nummer außerhalb von 0...255, erfolgt eine Runtime-Fehlermeldung. Übersteigt die Summe Nummer+Anzahl die Länge von Zeile, dann werden nur die Zeichen kopiert, die ab Nummer innerhalb von Zeile liegen.

8.2.4 Finden eines Teilstrings (Pos)

Der Aufruf Pos (Wort, Zeile) liefert die Nummer des Platzes, an dem das erste Zeichen von Wort in Zeile vorkommt. Ist Wort nicht in Zeile enthalten, wird 0 geliefert.

Beispiele für das Finden eines Teilstrings:

> Hat Zeile den Wert 'Der Editor von Turbo Pascal erfüllt höchste Ansprüche' und Wort den Wert 'Turbo', dann liefert Pos (Wort, Zeile) den Wert 16 und Pos ('er', Zeile) den Wert 2.

8.2.5 Verketten von Strings (Concat)

Zwei Strings lassen sich mit der Funktion Concat zu einem Gesamtstring verketten. Der Aufruf Concat (Wort1, Wort2) liefert einen String, bei dem der Wert von Wort2 unmittelbar an den Wert von Wort1 gesetzt wird. Für die Länge des Ergebnisstrings gilt Length(Concat(Wort1, Wort2))=Length(Wort1)+Length(Wort2). In Abschnitt 5.2.3.1 wurde beschrieben, daß ein Verketten zweier Strings auch mit dem Operator + bewirkt werden kann.

8.2.6 Umwandlung Zahl → String (Str)

Mit der Prozedur Str läßt sich eine Zahl in einen String umwandeln. Hat die Integervariable Zahl den Wert 123, dann erhält Wort mit dem Aufruf Str (Zahl:7,Wort) den Wert '   123'. Beim Aufruf werden Formatangaben benötigt, wie sie in Abschnitt 4.4.2.2 eingeführt wurden.

Auch Zahlen vom Typ Real lassen sich in Stringwerte umwandeln. Hat Kommazahl den Wert 18.80, dann ergibt sich mit dem Aufruf Str(Kommazahl: 10 : 2,Wort) der Wert '   18.80' für Wort.

Anmerkung: In einer Ausgabeanweisung mit Writeln oder Write darf keine Funktion aufgerufen werden, die Str verwendet.

8.2.7 Umwandlung String → Zahl (Val)

Die Prozedur Val wandelt einen Stringwert in eine Zahl um, wenn das möglich ist, d. h. wenn der String eine Zahl darstellt (s. Abschnitt 3.4).

Im Aufruf wird eine Variable Fehler verwendet, an deren Wert man erkennen kann, ob die Umwandlung möglich war. Hat Fehler nach dem Aufruf Val(Wort,Zahl,Fehler) den Wert 0, dann war die Umwandlung möglich und Zahl enthält den Wert, der sich aus der Zeichenfolge in Wort ergibt. Gelingt die Umwandlung nicht, dann erhält Fehler die Nummer des Platzes, an dem in Wort das erste Zeichen steht, das nicht zur Zahlendarstellung zugelassen ist oder das die Darstellung fehlerhaft macht. Beispiele für den Aufruf Val(Wort,Zahl,Fehler):

> Hat Wort den Wert '18', dann erhält Zahl mit dem Aufruf Val(Wort,Zahl,Fehler) den Wert 18, Fehler den Wert 0.
>
> Hat Wort den Wert '2.169', erhält Zahl den Wert 2.169 und Fehler den Wert 0.
>
> Hat Wort den Wert '23,90', erhält Fehler den Wert 3 und der Wert von Zahl ist undefiniert.
>
> Hat Wort den Wert '3.14E-2', erhält Zahl den Wert 0.0314 und Fehler den Wert 0.
>
> Hat Wort den Wert ' 22.5', erhält Fehler den Wert 1 und der Wert von Zahl ist undefiniert.

Das letzte Beispiel zeigt, daß in Wort weder vor noch nach dem String ein Leerzeichen enthalten sein darf.

Anmerkung: In einer Ausgabeanweisung mit Write oder Writeln darf keine Funktion vorkommen, in der die Prozedur Val aufgerufen wird.

8.3 Anwendung: Finden und Ersetzen

Wie man die Stringoperationen einsetzen kann, soll ein Ausschnitt aus einem Textverarbeitungsprogramm zeigen. Der Anwender kann in der Prozedur Eingabe einen Suchstring und einen Ersatzstring angeben.

```
Type Option=String(.2.);
Var SuchString,ErsatzString:String80;
    X:Integer;
    Opt:Option;
```

```
Procedure Eingabe;
Begin ClrScr;Z(1,1,60,'-'); Z(3,1,60,'-');
  T(2,1,'Welcher Textteil soll ersetzt werden? ');
  Readln(SuchString); P;Z(2,1,80,' ');
  T(2,1,'Durch welchen Text soll er ersetzt werden? ');
  Readln(ErsatzString);P;Z(2,1,80,' ');
  T(2,1,'Optionen (G:ganzer Text, A:Abfragen): ');
  Readln(Opt);P;Z(2,1,80,' ');
  T(2,1,SuchString+' durch '+ErsatzString+' ersetzen.');
End;
```

Die Zeilen des zu bearbeitenden Textes können an die Prozedur Bearbeiten übergeben werden, in der der Suchstring durch den Ersatzstring ersetzt wird.

```
Procedure Bearbeiten(Var Zeile:String80);
Var P,I:Integer;
    Puffer,Rest:String80;
Begin  Puffer:=Zeile;
  P:=Pos(SuchString,Puffer);T:=P;
  While I>0 do
    Begin Z(X,1,80,' ');T(X,1,'Alte Zeile: '+Puffer);
      Z(X+1,1,80,' ');T(X+1,12+P,'^');
      Delete(Puffer,P,Length(SuchString));
      Insert(ErsatzString,Puffer,P);
      Z(X+2,1,80,' ');T(X+2,1,'Neue Zeile: '+Puffer);
      If (UpCase(Opt(.1.))='A') or (UpCase(Opt(.2.))='A')
       then Begin T(X+3,1,'Soll ersetzt werden? (J/N) ');
          Readln(Antwort);
          If UpCase(Antwort)='J'
            then Begin Zeile:=Puffer;
                 P:=P+Length(ErsatzString);End
            else Begin Puffer:=Zeile;
                 P:=P+Length(SuchString);End;
          Rest:=Copy(Zeile,P,Length(Puffer)-P+1);
          I:=Pos(SuchString,Rest);P:=P+I-1;
          End;    (* then *)
     End; (* While *)
   End (* Bearbeiten *);
```

8.4 Textfiles

In Turbo Pascal gibt es einen besonderen Filetyp, der mit dem Standardbezeichner Text gekennzeichnet wird. Eine Reihe von Files vom Typ Text steht dem Benutzer zur Verfügung, ohne daß er sie deklarieren muß (s. Abschnitt 8.4.5). Er kann weitere deklarieren:

```
Var Programm:Text;
    Brief:Text;
```

Ein Textfile hat den Komponententyp Char, doch sind die Zeichen zu Zeilen zusammengefaßt. Die Zeilen werden mit Return (das ist eine Sequenz aus CR und LF) abgeschlossen. Die Zeilen können unterschiedlich lang sein, sie können 0 ... 127 Zeichen aufnehmen.

8.4.1 Operationen auf Textfiles

Für den Umgang mit Textfiles gilt, was in Abschnitt 7.4.3 allgemein für Files beschrieben wurde. Mit Assign (Brief, 'Brief01.Dat') wird ein Filename zugewiesen. Mit Rewrite(Brief) wird ein neuer Textfile unter diesem Namen eingerichtet. Nach Rewrite kann man auf Textfiles (abweichend vom Einrichten anderer Files) nur schreibend zugreifen, d. h. es können neue Zeilen angehängt werden. Mit Reset(Brief) wird der Textfile nur für den lesenden Zugriff geöffnet.

Beim Schließen mit Close(Brief) wird das Ende des Files mit Ctrl-Z markiert. Die Marke bewirkt, daß die Funktion EoF den Wert True liefert, wenn die sequentielle Bearbeitung am Ende angekommen ist.

Wegen der unterschiedlichen Zeilenlänge läßt sich im Gegensatz zu anderen Files der Platz einer bestimmten Zeile nicht berechnen, daher kann man auf Textfiles nur sequentiell und nicht mit der Prozedur Seek zugreifen. Auch die Funktionen FilePos und FileSize sowie die Prozedur Flush lassen sich nicht anwenden. Außerdem kann auf einen Textfile nicht zugleich lesend und schreibend zugegriffen werden.

8.4.2 Lesender Zugriff auf Textfiles

Für das Lesen von Zeichen, Zahlen oder Strings aus einem Textfile stehen die Standardprozeduren Read und Readln zur Verfügung. Read (Brief,Z) liest das nächste Zeichen aus dem Textfile Brief, wenn es nicht CR oder Ctrl-Z ist, und weist es der Char-Variablen Z zu. Mit Read (Brief,Zeile) werden so viele Zeichen gelesen und der Stringvariablen Zeile zugewiesen, wie der maximalen Länge von Zeile entspricht, wenn nicht vorher EoLn oder EoF wahr sind. EoLn ist wahr, wenn das gelesene Zeichen ein CR war, und EoF ist wahr, wenn das gelesene Zeichen ein Ctrl-Z war.

Zahlen sind als Strings in einer Filezeile abgelegt und werden beim Aufruf Read(Brief,Zahl) automatisch mit Val (s. Abschnitt 8.2.7) umgewandelt.

Mit dem Aufruf Readln(Brief,Zeile) werden Zeichen vom Textfile Brief der Variablen Zeile zugewiesen, bis die maximale Länge erreicht ist oder eine der Funktionen EoF und EoLn den Wert True liefert. Ist die Zeile des Textfiles nicht vollständig gelesen worden, weil die maximale Länge nicht hinreichte, dann wird beim Aufruf mit Readln der Rest der Zeile übersprungen. Erfolgt der Aufruf mit Readln(Brief) ohne Übergabe eines Variablennamens, dann werden alle Zeichen bis zur nächsten CR/LF-Sequenz (einschließlich) übersprungen.

Mit einem Aufruf können mehrere Werte auf einmal gelesen werden. In den Aufruf der Prozedur Read oder Readln werden dann mehrere Variablennamen (vom entsprechenden Typ) geschrieben.

8.4.3 Schreibender Zugriff auf Textfiles

Das Schreiben von Zeichen, Zahlen, Wahrheitswerten und Strings in einen Textfile erfolgt mit den Prozeduren Write und Writeln. Mit dem Aufruf Write(Brief,Zeile) wird der Wert von Zeile in den Textfile Brief geschrieben. Man darf mehrere Variablen und auch Stringkonstanten an die Prozedur übergeben. Steht im Prozeduraufruf eine Zahlenvariable, dann wird ihr Wert mit Str (s. Abschnitt 8.2.6) in einen String umgewandelt.

Die Writeln-Prozedur schreibt zusätzlich eine CR/LF-Sequenz als Zeilenabschlußmarkierung in den Textfile. Ruft man Writeln(Brief) ohne Variablen oder Stringkonstanten auf, wird nur die Marke gesetzt.

Für die übergebenen Parameter sind Formatangaben zulässig. Mit Doppelpunkt : und ganzer Zahl n hinter einer Variablen kann man festlegen, daß ihr Wert rechtsbündig in ein Feld mit n Plätzen geschrieben wird. Diese Formatierung ist wichtig z. B. für die Ausgabe auf dem Bildschirm, sie wurde schon in Abschnitt 4.4.2.2 beschrieben.

8.4.4 Zugriff auf externe Geräte

In Turbo Pascal werden externe Geräte wie Terminal, Tastatur, Bildschirm, Diskettenlaufwerk oder Drucker wie Textdateien behandelt. Folgende Namen von Geräteeinheiten können verwendet werden:

Name	Einheit	Hinweise
TRM:	Terminal	Eingabe erfolgt über Tastatur, Ausgabe über Bildschirm. Eingegebene Zeichen (außer Kontrollzeichen) werden sofort auf dem Bildschirm ausgegeben (Echo).
CON:	Konsole	Eingabe erfolgt über Tastatur, Ausgabe über Bildschirm. Die Eingabe läuft gepuffert ab, so daß ediert werden kann.
KBD:	Keyboard	Eingabe erfolgt ohne Echo über Tastatur.
LST:	Drucker	Ausgabe erfolgt über den Drucker.

Mit den angegebenen Filenamen kann man auf die Geräteeinheiten zugreifen. Die Namen lassen sich auch Variablen vom Typ Textfile zuweisen.

Hinweis: Die Funktionen EoLn und EoF arbeiten bei den Gerätefiles anders als bei sonstigen Textfiles. Dort liefert EoF den Wert True, wenn das nächstfolgende Zeichen ein Ctrl-Z ist. Ein solches „Voraussehen" ist bei Gerätefiles nicht möglich, etwa bei der Eingabe über Tastatur. Daher liefert EoF den Wert True, wenn das letzte gelesene Zeichen ein Ctrl-Z war. Entsprechendes gilt für EoLn. Damit verändert sich auch die Ausführung der Prozedur Readln. Genauere Informationen entnehmen Sie bitte dem Handbuch von Turbo Pascal.

8.4.5 Standard-Textfiles

Turbo Pascal stellt eine Reihe von Textfiles zur Verfügung, die schon bestimmten Geräten zugeordnet und für den Zugriff vorbereitet sind. Der Benutzer braucht sie nicht zu öffnen oder nach der Verwendung zu schließen. Eine Anwendung der Prozeduren Assign, Rewrite, Reset und Close auf die folgenden Textfiles ist nicht nur unnötig, sondern sogar unzulässig:

Textfile	Hinweise
Input	ist der vorrangige Eingabefile. Er wird im allgemeinen der Konsole oder dem Terminal zugeordnet.
Output	ist der vorrangige Ausgabefile. Er wird im allgemeinen der Konsole oder dem Terminal zugeordnet.
Con	wird der Konsole zugeordnet.
Trm	wird dem Terminal zugeordnet;
Kbd	wird der Tastatur (Keyboard) zugeordnet.
Lst	wird dem Drucker zugeordnet.

Welcher Geräteeinheit die Files Input und Output zugeordnet werden, kann der Benutzer mit der Compilerdirektive B entscheiden. Sie ist mit (*B+*) voreingestellt und ordnet die Files der Konsole zu (s. Abschnitt 9.4). Dann bietet der Eingabepuffer bei der Eingabe die Möglichkeit zum (eingeschränkten) Edieren. Der Benutzer kann am Beginn eines Programmblocks (*B–*) setzen und damit die Files Input und Output dem Terminal zuordnen. Diese Zuordnung gilt für den ganzen Block. Will man irgendwo eine andere Zuordnung herstellen, muß man die entsprechenden Textfile explizit im Aufruf angeben.

Beispiele für die Zuordnung der Geräteeinheiten:

Ist (*B–*) eingestellt, dann bewirken die Eingabeanweisungen ...
Readln(Zeile) eine Eingabe vom Terminal.
Readln(Con,Zeile) eine Eingabe von der Konsole.
Read(Kbd,Zeichen) eine Eingabe vom Keyboard (Tastatur) ohne Echo auf dem Bildschirm.

Die letzte Möglichkeit wählt man z. B. bei Eingaben, bei denen man zunächst überprüfen will, ob das Zeichen zugelassen ist, bevor man es auf dem Bildschirm ausgeben läßt (s. Programmbeispiel in Abschnitt 7.4.4).

Input und Output sind die vorrangigen Eingabe- und Ausgabefiles. Wenn beim Aufruf der Read- oder Write-Prozedur kein Textfile genannt wird, dann gilt durch Voreinstellung:

Read(Zeile) wird interpretiert als Read(Input,Zeile).
Writeln(Zeile) wird interpretiert als Writeln(Output,Zeile).
EoLn wird interpretiert als EoLn(Input).

8.4.6 Anwendung: Druckerausgabe

Die Beschreibung des Zugriffs auf Textfiles hat deutlich machen können, daß die Leseprozedur Read und die Schreibprozedur Write stets auf einen Textfile zugreift, auch wenn dieser nicht explizit genannt ist. Zum Abschluß soll eine Prozedur, mit der man die Druckerausgabe so steuern kann, daß bestimmte Textteile unterstrichen werden, die Verwendung von Textfiles zeigen.

```
Procedure Drucker;
(* Ein auf Diskette gespeicherter Textfile wird gedruckt,
   die mit # eingerahmten Wörter werden unterstrichen. *)
Var Brief:Text;
    Zeile,Sonderzeile:String(.80.);
    I:Integer;
    Unterstreichen:Boolean;
    FileName:String(.12.);
Begin ClrScr;Unterstreichen:=False;
  T(1,1,'Ausgabe über Drucker');Z(2,1,40,'-');
  T(3,1,'Geben Sie den Namen des Files ein: ');
  Readln(FileName);
  Assign(Brief,FileName);
  Reset(Brief);
  While not EoF(Brief) do
    Begin Readln(Brief,Zeile); Sonderzeile:='';
    For I:=1 to Length(Zeile) do
      If Zeile(.I.)<>'#'
        then Begin Write(Lst,Zeile(.I.));
          If Unterstreichen
            then Sonderzeile:=Sonderzeile+'-'
            else Sonderzeile:=Sonderzeile+' ';
        End (* Then *)
        else Unterstreichen:= not Unterstreichen;
    Write(Lst,Chr(13));Writeln(Lst,Sonderzeile);
  End (* While *);
End; (* Drucker *)
```

8.4.7 Ein- und Ausgabekontrolle (IOResult)

Mit der Compiler-Direktive I läßt sich eine Überwachung der Ein- und Ausgabevorgänge einstellen (s. Abschnitt 9.4). Ist die Direktive mit (*$I+*) aktiviert, das ist die Voreinstellung, dann wird jede Eingabe und Ausgabe auf Fehler z. B. in der Typverträglichkeit überprüft. Ein Fehler verursacht einen Abbruch des Ablaufs mit einer Meldung über die Art des Fehlers.

Ist die automatische Fehlerkontrolle mit (*$I—*) ausgeschaltet, dann bewirkt ein Fehler bei der Ein- oder Ausgabe keinen Programmabbruch. Doch werden alle nachfolgenden Ein- und Ausgabevorgänge so lange unterbunden, bis die Funktion IOResult aufgerufen wird. Der Aufruf dieser Funktion liefert den Wert 0, wenn kein Fehler auftrat, sonst einen anderen Wert. Ein Aufruf von IOResult hebt die Ein- und Ausgabesperre wieder auf.

Hat der Programmierer für ein Programm die Überwachung mit (*$I—*) ausgeschaltet, dann sollte er allen Anweisungen, bei denen Fehler auftreten können, einen Aufruf von IOResult folgen lassen. Folgende Prozeduren sind zu überprüfen:

> Assign, BlockRead, BlockWrite, Chain, Close, Execute, Erase, Flush, Read, Readln, Rename, Reset, Rewrite, Seek, Write und Writeln.

Die Funktion IOResult läßt sich immer dann einsetzen, wenn man vermeiden möchte, daß ein Eingabefehler zum Programmabbruch führt. Ein Beispiel dafür wurde schon in Abschnitt 7.4.3.9 besprochen. Dort wurde die Funktion Vorhanden entwickelt, mit der sich vermeiden läßt, daß ein schon vorhandener Filename erneut gewählt wird.

Ein weiteres Beispiel zeigt die Prozedur Oeffnen, mit der sich ein File für den Zugriff öffnen läßt. Wenn der Benutzer einen Filenamen eingibt, der nicht vorhanden ist, dann erfolgt bei eingestellter Kontrolle ein Programmabbruch. Mit dem Abschalten der Kontrolle durch (*$I—*) und die Abfrage mit IOResult läßt sich der Abbruch vermeiden und die Eingabe wiederholen.

```
Procedure Oeffnen;
Var Fehler:Boolean;
Begin ClrScr;
  Repeat
    Writeln('Geben Sie bitte den Namen des Files ein,');
    Write('der geöffnet werden soll: ');
    Readln(Dateiname);
    Assign(Datei,Dateiname);
    (*$I-*) Reset(Datei) (*$I+*);
    Fehler:= (IOResult<>0);
    If Fehler then Writeln('Der File ist nicht vorhanden!');
  until not Fehler;
  Writeln;Writeln('File ',Dateiname,' geöffnet.');Writeln;
End (* Oeffnen *);
```

Das Beispiel zeigt, daß die Compilerdirektive I im Gegensatz zu anderen Direktiven (s. Abschnitt 9.4) nicht für den ganzen Block gilt, sondern innerhalb des Blocks ein- und umgestellt werden kann.

8.5 Untypisierte Files

Bei untypisierten Files fehlt die Angabe eines Komponententyps in der Deklaration der Variablen:

```
Var Daten:File;
```

Es handelt sich um einen File, der zur schnelleren Datenübertragung zwischen der Diskette und einer beliebigen Variablen eingesetzt wird. Die Übertragung geschieht in Blöcken von 128 Byte Länge. Man kann einen nicht typisierten File zur Übertragung von und nach allen Diskettenfiles einsetzen, er ist mit Files aller Typen kompatibel.

Nicht typisierte Files werden wie andere Files eingerichtet, vor einem Zugriff geöffnet und nach Abschluß der Bearbeitung geschlossen. Folgende Anweisungen sind dazu erlaubt:

```
Assign(Daten,FileName);
Rewrite(Daten);
Reset(Daten);
Close(Daten);
```

Ein Zugriff durch die Prozeduren Read, Write und Flush ist nicht möglich. Der lesende Zugriff erfolgt durch die gesonderte Prozedur BlockRead und der schreibende durch BlockWrite. Mit dem Aufruf

```
BlockRead(Daten,Var,Anzahl);
```

werden von dem File, dessen Name Daten zugewiesen wurde, so viele Blöcke an die (beliebige) Variable Var übertragen, wie in Anzahl angegeben ist. Der Programmierer muß dafür sorgen, daß der benötigte Platz von der Variablen Var freigehalten wird. Mit

```
BlockWrite(Daten,Var,Anzahl);
```

werden entsprechend Blöcke von Var nach Daten überschrieben. Die Datenübertragung mit BlockRead und BlockWrite ist besonders schnell.

9 Weitere Konzepte von Turbo Pascal

Zum Abschluß der Einführung in Turbo Pascal sollen einige zusätzliche Sprachkonzepte vorgestellt werden. Darunter sind sehr nützliche Erweiterungen gegenüber dem Standard Pascal.

9.1 Zeigertyp (Pointer)

Umfangreiche Datenmengen lassen sich effizienter und ökonomischer verwalten, wenn man dynamische Datenstrukturen verwendet. Beispiele für dynamische Datenstrukturen sind verkettete Listen und Bäume.

Auf die in einer verketteten Liste gespeicherten Datensätze läßt sich nicht direkt mit Namen zugreifen. Der Zugriff auf die Datensätze geschieht mit Zeigervariablen, denen die Adressen der Speicherplätze zugewiesen werden. Wie man mit Zeigervariablen umgeht, soll an einem Demonstrationsprogramm gezeigt werden.

9.1.1 Definition von Pointern

Für Zeigervariable gibt es in Turbo Pascal einen besonderen Typ, den Pointertyp. Ein Pointertyp wird immer in bezug auf den Typ der zu verwaltenden Datensätze mit einem vorangehenden Pfeilsymbol ^ definiert. Es ist bemerkenswert, daß in der Definition ein Bezeichner vorkommt, der erst danach deklariert wird.

Der folgende Deklarationsteil liegt den Prozeduren zugrunde, die den Einsatz von Zeigervariablen zeigen sollen. Hier besteht der Datensatz zur Vereinfachung nur aus einem Namen, im allgemeinen wird dort ein komplexer Verbund stehen.

```
Type Zeiger=^Satz;
     Satz=Record
            Name:String(.24.);
            Zf:Zeiger;   (* zeigt auf folgenden Satz *)
          End;

Var  Z1:Zeiger;   (* zeigt auf ersten Satz *)
     Za:Zeiger;   (* zeigt auf aktuellen Satz *)
     Zv:Zeiger;   (* zeigt auf vorangehenden Satz *)
     Antwort,Option:Char;
```

9.1.2 Aufnahme eines neuen Datensatzes (New)

Bevor ein neuer Datensatz in die Liste aufgenommen werden kann, muß ein Platz dafür bereitgestellt werden. Das geschieht mit der Standardprozedur New. Der Aufruf New (Zn) liefert mittelbar eine neue Variable vom Typ Satz. Auf sie kann mit mit dem Zeiger Zn zugreifen.

In der folgenden Prozedur wird ein neuer Name (allgemein ein neuer Datensatz) eingegeben und nach dem Alphabet in die Liste eingefügt. Das Einfügen wird mit den Zeigern gesteuert.

```
Procedure Einfuegen;
Var Zn:Zeiger; (* zeigt auf neuen Satz *)
    Nr:Integer;
Begin  ClrScr;
  Writeln('Einfügen neuer Namen in die Liste');
  Writeln('---------------------------------');
  Writeln('Bitte geben Sie die Namen ein,');
  Writeln('zum Abschluß  #  als erstes Zeichen.');
  Writeln;
  Nr:=1;
  Repeat
    Write(Nr:5,'.Name: ');
    New(Zn);  (* Ein neuer Platz wird bereitgestellt *)
    Readln(Zn^.Name);
    If Zn^.Name(.1.) <> '#'
      then Begin  Za:=Z1;
             Repeat Zv:=Za; Za:=Zv^.Zf;
             until (Za=Nil) Or (Za^.Name > Zn^.Name);
             Zn^.Zf:=Zv^.Zf;
             Zv^.Zf:=Zn; end;
    Nr:=Nr+1;
  until Zn^.Name(.1.)='#';
  Writeln('---------------------------');
  Write('Weiter?  dann <RETURN> '),Readln;
End;(* Einfuegen *)
```

Das Beispiel zeigt: Auf Zeigervariablen gleichen Typs lassen sich Zuweisungsoperator und Vergleichsoperatoren anwenden. Der Zeiger NiL wird verwendet, um das Ende der Liste anzuzeigen. Er steht als Variable für einen Zeiger (beliebigen Typs), der auf keinen Datensatz zeigt.

Die Verwendung von NiL zeigt auch die folgende Prozedur, mit der alle Namen der Liste ausgegeben werden.

```
Procedure Ausgabe;
Var I:Integer;
Begin  ClrScr;
  Writeln('Ausgabe der Namenliste');
  Writeln('------------------------');
  Writeln;
  Za:=Z1; I:=1;
  While (Za^. Zf <> Nil) do Begin
    Za:-Za^.Zf;
    Writeln(I:5,'. Name : ',Za^.Name);
    I:=I+1; End; (* While *)
  Writeln('-----------------------------');
  Write('Weiter?  dann <RETURN> ');Readln;
End;(* Ausgabe *)
```

9.1.3 Freigabe eines Platzes (Dispose)

Wird ein Datensatz aus der Liste entfernt und wird der Platz nicht mehr benötigt, setzt man die Standardprozedur Dispose ein. Der Aufruf Dispose (Za) stellt den Platz des Datensatzes, auf den Za zeigt, wieder zur Verfügung. Dies sollte man immer dann tun, wenn man einen Datensatz durch Verändern der Zeiger aus der Liste gelöscht hat.

```
Procedure Loeschen;
Var Name:String(.24.);
Begin  ClrScr;
  Writeln('Ein Name der Liste soll gelöscht werden.');
  Writeln('----------------------------------------');
  Write('Geben Sie den Namen ein : ');
  Readln(Name); Za:=Z1;
  While (Name <> Za^.Name) and (Za<>Nil) do Begin
    Zv:=Za;Za:=Zv^.Zf; End; (* While *)
  If Za^.Name=Name
    Then Begin Zv^.Zf:=Za^.Zf;Dispose(Za);End
    else Write('Name nicht gefunden ');
  Delay(2000);
End; (* Loeschen *)
```

Zum Freigeben können in Turbo Pascal auch die Standardprozeduren Mark und Release eingesetzt werden. Sie greifen auf den Stapel zu, in dem die Adressen verwaltet werden. Mit Mark (Za) weist man den Wert des Stapelzeigers der Zeigervariablen Za zu, dann gibt der Aufruf Release (Za) alle Speicherplätze oberhalb dieser Adresse frei. Während mit Dispose genau ein Platz freigegeben wird, setzen Mark und Release einen ganzen Platzbereich frei.

Man darf nicht Dispose und Mark/Release miteinander verwenden. In einem Programm darf nur eins der Verfahren zum Freigeben dynamischer Variablen eingesetzt werden.

9.2 Typisierte Konstanten

Wenn eine Variable deklariert wird, ist ihr Wert undefiniert. Erst mit einer Wertzuweisung erhält die Variable einen Wert, wird sie initialisiert.

Typisierte Konstanten lassen sich als initialisierte Variablen ansehen, d.h. als Variablen, denen mit der Deklaration ein Anfangswert zugewiesen wird. Man kann sie wie andere Variablen verwenden, kann ihnen insbesondere auch einen neuen Wert zuweisen. Das sollte man natürlich vermeiden, wenn man sie als Konstanten einsetzen möchte.

Als Typen für typisierte Konstanten sind alle einfachen und strukturierten Datentypen mit Ausnahme des Filetyps und des Pointertyps zugelassen.

9.2.1 Unstrukturierte typisierte Konstanten

Typisierte Konstanten werden wie andere Konstanten deklariert (s. Abschnitt 4.2.1), an den Namen wird aber mit Doppelpunkt : der Typ angefügt.

Beispiele für die Deklaration unstrukturierter typisierter Konstanten:

```
Const Anzahl:Integer=458;
      MWS:Real=0.14;
      Titel:String(.80.)='Turbo Pascal';
      Steuerzeichen:Char='#';
```

Die deklarierten Konstanten können wie Variable eingesetzt werden, sie können insbesondere auch als Variablenparameter dienen. Sie lassen sich nicht (wie andere Konstanten) in der Definition neuer Typen verwenden. So ist die folgende Bereichsabgrenzung nicht zulässig:

```
Const  Min:Integer=0;
       Max:Integer=500;
Type   Liste=Array(.Min..Max.) of Name;
```

9.2.2 Array-Konstanten

In der Deklaration von Array-Konstanten läßt sich ein vorher definierter Arraytyp verwenden. Den Wert gibt man an, indem man die Werte der Komponenten auflistet.

Beispiel für die Deklaration von Array-Konstanten:

```
Type   Tag=(Mo,Di,Mi,Dn,Fr,Sa,So);
       Tagname=Array(.Tag.) of String (.2.);
Const  T:Tagname=('Mo','Di','Mi','Dn','Fr','Sa','So');
```

Die Komponenten von T sind T(.Mo.)='Mo',T(.Di.)='Di' usw. Man kann die Konstante T verwenden, um die Namen der Tage auszugeben.

Konstanten von Arrays mit dem Komponententyp Char lassen sich vereinfacht deklarieren. Die folgenden Deklarationen sind gleichwertig:

```
Const  Ziffer:Array(.1..10.) of Char=
              ('0','1','2','3','4','5','6','7','8','9');
Const  Ziffer:Array(.1..10.) of Char='0123456789';
```

Array-Konstanten lassen sich einsetzen, wenn man initialisierte Tabellen oder Testwertlisten braucht. Bei der Deklaration kann man auch mehrdimensionale Arrays als Typ verwenden.

9.2.3 Record-Konstanten

Bei der Deklaration von Record-Konstanten lassen sich alle Recordtypen einsetzen, die vorher definiert wurden. Der Wert wird durch eine Liste von Feldkonstanten angegeben.

Beispiel für die Deklaration einer Record-Konstanten:

```
Type   Ziffer='0'..'9';
       Kunde=Record
                 Nr:Integer;
                 Name:String(.20.);
                 PLZ:Array(.1..4.) of Ziffer;
                 Ort:String(.20.);
             End;
Const  Stamm:Kunde=
       (Nr:18;Name:'Schmidt';PLZ:'2000';Ort:'Hamburg');
```

Die Feldkonstanten werden in der gleichen Reihenfolge angegeben, wie sie in der Recorddefinition vorkommen.

9.2.4 Mengen-Konstanten

Für Mengen-Konstanten können alle Mengentypen verwendet werden, die vorher definiert wurden. Die Werte werden durch Auflisten angegeben.

Beispiel für die Deklaration von Mengen-Konstanten:

```
Type   Grossbuchstabe=Set of 'A' .. 'Z';
       Kleinbuchstabe=Set of 'a' .. 'z'
Const  Gross:Grossbuchstabe=(.'A' .. 'Z'.);
       Vokal: Kleinbuchstabe=(.'a', 'e', 'i', 'o', 'u'.);
       Satzzeichen: Set of Char=(.'.', ',', '!', ';', ':', '?'.);
```

9.3 Erweiterung von Programmen

Der Umfang von Programmen ist durch die Aufnahmefähigkeit des Workfiles und den Platzbedarf beim Compilieren begrenzt. Turbo Pascal bietet Möglichkeiten an, weitaus größere Programme zu erstellen. Man kann Programme in einzelne Teile aufgliedern und diese auf die Diskette auslagern.

9.3.1 Include-Files

Mit der Compilerdirektive I läßt sich ein Programmteil, der auf der Diskette abgelegt ist, beim Compilieren hinzuladen und in das compilierte Programm einbinden. Wie man diese Direktive einsetzt, soll das Beispiel der Prozedur Drucker aus Abschnitt 8.4.6 zeigen.

Wenn die Prozedur mit dem Filenamen ProzDr.Pas auf der Diskette abgelegt ist, kann man sie mit der Direktive

(*$IProzDr.Pas*)

in jedes Programm einbinden. Der Filename muß unmittelbar auf den Direktiven-Buchstaben I folgen. Wird kein Typ für den File angegeben, dann wird automatisch .PAS angefügt. Diese Direktive kann (wie jeder Kommentar) an beliebiger Stelle des aufrufenden Programms eingesetzt werden, sie muß aber vor dem ersten Aufruf der Prozedur mit

Drucker;

stehen.

Die Verwendung von Include-Files hat nicht nur den Vorzug, daß umfangreichere Programme geschrieben werden können. Ein weiterer Vorzug liegt darin, daß man grundlegende Programmteile und nützliche Prozeduren in verschiedene Programme einbinden kann. Man kann sich eine Sammlung von Include-Files anlegen und bei Bedarf darauf zurückgreifen.

Als Beispiel für einen Include-File, der sich häufig einsetzen läßt, sei die Funktion angegeben, mit der sich Strings in Großschrift umsetzen lassen:

```
Function Gross (Zeile:String255):String255;
Var I:Integer;
Begin For I:=1 to Length (Zeile) do
          Zeile(.I.):=UpCase(Zeile(.I.);
      Gross:=Zeile;
End (*Gross*);
```

Wird diese Funktion unter dem Namen FuGross.Pas auf der Diskette abgelegt, kann man sie mit (*$IFuGross*) in jedes Programm, das den Typ String255 mit String(.255.) definiert hat, einbinden und von dort mit Gross(Wort) oder Gross(FileName) aufrufen.

Hinweis: Include-Files können nicht geschachtelt werden, d. h. in einen Include-File läßt sich kein weiterer einbinden.

Bei der Erstellung von Include-Files läßt sich ausnutzen, daß in Turbo Pascal ein Mainfile vorgegeben werden kann (s. Abschnitt 2.2.3). Bei der Arbeit an einer Prozedur kann man das Programm, in das sie eingebunden werden soll, als Mainfile festlegen. Dann wird das Testen dieser Prozedur durch das Sprachsystem stark unterstützt, indem bei jedem Aufruf des Compilers zuerst der Workfile abgespeichert und der Mainfile zugeladen wird. Wird beim Compilieren ein Fehler entdeckt, dann wird der Programmteil, in dem er auftritt, zum Edieren bereitgestellt.

9.3.2 Overlay-Technik

Der Grundgedanke der Overlay-Technik besteht darin, daß eine Reihe von Teilprogrammen (Prozeduren, Funktionen) in einen Overlay-File ausgelagert wird. Diese Teilprogramme werden dann beim Programmablauf automatisch hinzugeladen, und zwar alle nacheinander in den gleichen Bereich des Arbeitsspeichers. Durch die Mehrfachnutzung läßt sich der verfügbare Speicherplatz besser nutzen, und man kann Programme schreiben, deren Umfang über die Kapazität des Arbeitsspeichers hinausgeht.

Der Benutzer kennzeichnet Teilprogramme, die in einen Overlay-File ausgelagert werden sollen, mit dem reservierten Wort Overlay.

Beispiele für die Deklaration von Overlay-Programmteilen:

```
Overlay Procedure Anfangswerte;
Begin Anweisungen End;

Overlay Function Gross (Wort:String20):String20;
Begin Anweisungen; Gross := ...; End;
```

Wenn der Compiler auf eine Overlay-Deklaration trifft, wird der erzeugte Code an einen gesonderten OverlayFile (unter dem gleichen Namen wie den Mainfile mit der Typkennzeichnung .OVR) abgespeichert. Aufeinanderfolgend deklarierte Overlay-Programmteile werden zu einer Gruppe zusammengefaßt und im gleichen Overlay-File abgelegt.

Im Hauptprogramm wird für jede Gruppe von Overlay-Teilprogrammen ein Overlay-Bereich reserviert, der so groß ist, daß er das umfangreichste der Teilprogramme dieser Gruppe aufnehmen kann. Ein geschickter Programmierer wird Gruppen mit möglichst vielen Teilprogrammen zusammenstellen. Für alle Teilprogramme zusammen wird dann im Arbeitsspeicher nur so viel Platz benötigt, wie das umfangreichste von ihnen erfordert.

Hinweise zur Overlay-Technik:

1. Man kann Overlay-Teilprogramme ineinander schachteln. In einem Overlay-Teilprogramm kann wieder ein Overlay-Teilprogramm enthalten sein. Dies darf aber nicht zur gleichen Gruppe gehören.
2. Der Einsatz von Overlay-Technik verlangsamt den Ablauf des Programms, da beim Zuladen auf die Diskette zugegriffen werden muß. Um den zusätzlichen Zeitaufwand in Grenzen zu halten, sollte ein Overlay-Teilprogramm nicht zu oft aufgerufen werden. Und wenn man es oft braucht, sollte zwischen den Aufrufen nicht ein anderes Teilprogramm derselben Gruppe aufgerufen werden.
3. Um die Overlay-Technik anwenden zu können, muß der Benutzer vor dem Compilieren die Option C oder H einstellen (s. Abschnitt 2.2.11). Mit der Voreinstellung M compilierte Programme können keine Overlay-Teilprogramme aufrufen.
4. Overlay-Teilprogramme können nicht vorwärts (mit forward, s. Abschnitt 6.5.3) deklariert werden. Diese Einschränkung läßt sich umgehen, indem man ein anderes Teilprogramm vorwärts deklariert und von diesem dann das Overlay-Teilprogramm aufruft.
5. Overlay-Prozeduren und Overlay-Funktionen können sich nicht rekursiv aufrufen. Diese Einschränkung läßt sich umgehen, indem man eine (normale) Prozedur oder Funktion mit rekursivem Aufruf vorsieht, von der aus dann ein Overlay-Teilprogramm aufgerufen wird.

9.3.3 Aufruf anderer Programme (Chain und Execute)

Turbo Pascal stellt die Prozeduren Chain und Execute zur Verfügung, mit denen man von einem Programm aus andere Programme, die auf der Diskette abgelegt sind, starten kann.

Wie man die Prozedur Chain einsetzt, soll am Beispiel des Programms Textbearbeitung gezeigt werden, das im File ProgText.CHN abgelegt ist. Im aufrufenden Programm seien folgende Deklarationen enthalten:

```
Var Programm:Text;
    FileName: String (.12.);
```

Will man das Programm Textbearbeitung aufrufen, muß man zunächst den Namen ProgText.CHN des Files der Variablen Programm zuweisen:

```
FileName:='ProgText.CHN';
Assign(Programm,FileName);
Chain(Programm);
```

Mit der Prozedur Chain lassen sich nur solche Programme starten, die mit der Option H (s. Abschnitt 2.2.11) compiliert worden sind und daher die Typkennzeichnung CHN haben. Solche Programme sind wie COM-Files in Maschinencode abgelegt, enthalten aber im Gegensatz zu ihnen nicht die Turbo Pascal-Library. Sie können daher auch nicht vom Betriebssystem CP/M her gestartet werden.

Mit der Prozedur Execute läßt sich von einem Programm aus ein anderes starten, das als COM-File auf der Diskette abgelegt ist.

Beispiel:

```
Assign(Programm,'Verwalt7.COM');
Execute(Programm);
```

Hinweis: Die Prozeduren Chain und Execute lassen sich nicht von Programmen aufrufen, die unter der (voreingestellten) Option M compiliert wurden.

9.4 Compilerdirektiven

Der Compiler von Turbo Pascal wird durch Direktiven gesteuert. Eine Compilerdirektive wird (wie ein Kommentar) in geschweiften Klammern bzw. in (* und *) an beliebiger Stelle des Programms eingefügt. Beachten Sie bitte, daß keine Leerzeichen darin vorkommen dürfen. Die Direktiven werden mit einem Buchstaben gekennzeichnet. Mit einem Pluszeichen + wird angezeigt, daß die Direktive aktiviert wird, mit einem Minuszeichen – wird sie außer Kraft gesetzt.

Der Programmierer kann die voreingestellten Compilerdirektiven ändern und damit den Ablauf seines Programms beeinflussen. Einige Direktiven sind schon besprochen worden, hier wird eine abschließende Übersicht über die verfügbaren Direktiven und ihre Wirkung gegeben.

9.4.1 Absoluter Code A

Voreinstellung (*$A+*): Der Compiler erzeugt absoluten Code, der keine rekursiven Aufrufe erlaubt.

(*$A-*): Der Compiler erzeugt einen Code, der rekursive Aufrufe zuläßt, aber mehr Speicherplatz erfordert und langsamer abläuft. Anwendungshinweise enthält Abschnitt 6.4.3.2.

9.4.2 Auswahl der Geräteeinheit B

Voreinstellung (*$B+*): Den Eingabe- und Ausgabefiles Input und Output ist die Konsole zugeordnet.

(*$B-*): Den Files ist das Terminal zugewiesen. Eine genauere Darstellung enthalten die Abschnitte 8.4.4 und 8.4.5. Die Einstellung von B gilt für das ganze Programm und läßt sich nicht im Programm verändern.

9.4.3 Interpretation von Steuerzeichen C

Voreinstellung (*$C+*): Ein Ctrl-C unterbricht als Antwort auf eine Read- oder Readln-Anweisung die Programmausführung.

Ein Ctrl-S schaltet die Bildschirmausgabe an und aus, die Bildschirmausgabe ist damit etwas verlangsamt.

(*$C-*): Die Steuerzeichen haben keine Wirkung:

Die Einstellung von C gilt für das ganze Programm und läßt sich nicht im Programm verändern.

9.4.4 Fehlerkontrolle und Include I

Voreinstellung (*$I+*): Alle Ein- und Ausgabevorgänge werden auf Fehler überprüft. Bei einem Fehler bricht das Programm ab.

(*$I-*): Der Programmierer muß Fehler durch die Funktion IOResult überprüfen. Eine genauere Beschreibung finden Sie in Abschnitt 8.4.7.

(*$IFileName*): Der genannte File wird in die Compilierung einbezogen (s. Abschnitt 9.3.1).

9.4.5 Bereichsprüfung R

Voreinstellung (*$R-*): Beim Ablauf werden die berechneten Indizes nicht daraufhin überprüft, ob sie im zulässigen Bereich liegen, das gleiche gilt für Zuweisungen zu skalaren und Teilbereichsvariablen.

(*$R+*): Eine Überprüfung findet statt. Der Programmierer sollte dies einstellen, bis sein Programm fehlerfrei läuft. Dann kann er zur Voreinstellung zurückgehen. Weitere Hinweise finden sich in Abschnitt 7.1.

9.4.6 Benutzerunterbrechung U

Voreinstellung (*$U−*): Der Benutzer kann den Ablauf nicht unterbrechen wie bei U+.
(*$U+*): Mit Ctrl-C kann der Benutzer den Ablauf des Programms jederzeit unterbrechen. Allerdings wird die Ablaufgeschwindigkeit wesentlich verringert. Es ist zu empfehlen, in der Erprobungsphase mit U+ zu arbeiten und dann zur Voreinstellung zurückzukehren.

9.4.7 Parameterprüfung V

Voreinstellung (*$V+*): Bei Strings, die an Variablenparameter übergeben werden, wird genau überprüft, ob die Länge stimmt.
(*$V−*): Die Parameterübergabe ist auch bei unterschiedlicher Länge möglich. Weitere Hinweise enthält Abschnitt 6.4.3.

9.4.8 Schachteltiefe bei With-Anweisungen W

Voreinstellung (*$W2*): Es können zwei Records ineinander mit der With-Anweisung erfaßt werden. Zulässig sind W1 bis W9. Zur With-Anweisung s. Abschnitt 7.2.2.3.

9.4.9 Array-Optimierung X

Voreinstellung (*$X+*): Die Erzeugung des Codes ist auf maximale Ablaufgeschwindigkeit hin optimiert.
(*$X−*): Der Compiler minimiert die Codelänge.

Anhang

A Fehlermeldungen beim Compilieren

Die Fehler beim Compilieren werden mit einer Nummer und (wenn Sie die Frage: Include error messages (Y/N)? mit Y beantwortet haben) mit einer kurzen Beschreibung der Art des Fehlers angezeigt. Sie können die englischen Fehlertexte, die im File Turbo.MSG enthalten sind, selbst ins Deutsche übertragen. Wie Sie dabei vorzugehen haben, beschreibt das Handbuch.

Die Fehlermeldungen werden hier in deutscher Sprache aufgelistet und (wo erforderlich) weiter erläutert. Die Auflistung läßt erkennen, wie genau der Fehler beschrieben wird. Das System Turbo Pascal unterstützt optimal die Korrektur von Fehlern. Nach der Anzeige des Fehlers auf dem Bildschirm wird der Benutzer aufgefordert, die ESC-Taste zu drücken. Damit gelangt er in den Editor, und der Cursor markiert die Stelle, an der sich der Fehler auswirkte. Damit läßt sich der Fehler sehr schnell beseitigen.

01 ';' erwartet

02 ':' erwartet

03 ',' erwartet

04 '(' erwartet

05 ')' erwartet

06 '=' erwartet

07 ':=' erwartet

08 '(.' erwartet

09 '.)' erwartet

10 '.' erwartet

11 '..' erwartet

12 'Begin' erwartet

13 'do' erwartet

14 'End' erwartet

15 'of' erwartet

17 'then' erwartet

18 'to' oder 'downto' erwartet

20 Boolescher Term erwartet

21 File-Variable erwartet

22 Integer-Konstante erwartet

23 Integer-Term erwartet

24 Integer-Variable erwartet

25 Zahlenkonstante erwartet

26 Arithmetischer Term erwartet

27 Zahlenvariable erwartet

28 Zeigervariable erwartet

29 Record-Variable erwartet

30 Einfacher Typ erwartet

31 Einfacher Term erwartet

32 String-Konstante erwartet

33 String-Term erwartet

34 String-Variable erwartet

35 Textfile erwartet

36 Typ-Bezeichner erwartet

37 Untypisierter File erwartet

40 Label nicht deklariert

41 Bezeichner unbekannt oder Syntaxfehler
Der verwendete Name für Label, Typ, Konstante, Variable, Prozedur oder Funktion wurde nicht deklariert. Auch ein Syntaxfehler kann dazu führen, daß ein Objekt nicht erkannt wird.

42 Unbekannter Zeigertyp in vorangehender Typdefinition
Eine vorangehende Zeigerdeklaration verweist auf einen nicht vorhandenen Typ.

43 Doppelte Verwendung eines Bezeichners oder eines Labels

44 Unverträgliche Typen

Bei einer Zuweisung stimmen die Typen des zugewiesenen Terms und der Variablen nicht überein.

Beim Aufruf einer Prozedur oder einer Funktion stimmen die Typen der formalen und der aktuellen Parameter nicht überein. Beim Zugriff auf ein Array ist der Typ des berechneten Index nicht vom vereinbarten Indextyp.

Die Typen der Operanden in einem Term sind nicht vereinbar.

45 Konstante außerhalb des zulässigen Bereichs

46 In einer Case-Anweisung passen Selektor und Werte nicht zusammen

47 Operandentyp(en) sind für Operator nicht zulässig

48 Ergebnistyp unzulässig

49 Stringlänge unzulässig

50 Länge der String-Konstanten paßt nicht zum Typ

51 Basistyp für Teilbereich nicht zulässig

52 Untere Grenze ist größer als die obere

Die Ordnungszahl der unteren Grenze z. B. bei Indizes muß kleiner als die der oberen sein

53 Reserviertes Wort

Ein reserviertes Wort darf nicht als Bezeichner verwendet werden

54 Unzulässige Wertzuweisung

55 String-Konstante ist länger als die Zeile

56 Fehler in einer Integer-Konstanten

Die Schreibweise (s. Abschnitt 3.4) ist nicht korrekt.

Der Bereich − 32768 ... + 32767 wird überschritten.

57 Fehler in einer Real-Konstanten

58 Unzulässiges Zeichen im Bezeichner

60 Konstanten hier nicht zulässig

61 Files und Zeiger hier nicht zulässig

62 Strukturierte Datentypen hier nicht zulässig

63 Textfiles hier nicht zulässig

64 Textfiles und untypisierte Files hier nicht zulässig

65 Untypisierte Files hier nicht zulässig

66 Eingabe oder Ausgabe hier nicht zulässig
Werte dieses Typs können nicht ein- oder ausgegeben werden.

67 Files müssen Variablenparameter sein

68 Komponenten von Files dürfen nicht vom Filetyp sein

69 Anordnung der Felder unzulässig

70 Basistyp der Menge außerhalb des Bereichs
Die Elemente einer Menge müssen von skalarem Typ sein, ihre Anzahl darf 256 nicht überschreiten

71 Goto-Sprunganweisung unzulässig
Ein Sprung zu einem Label innerhalb einer Zählschleife (s. Abschnitt 6.3.1) darf nicht von außerhalb erfolgen

72 Label nicht innerhalb des Blocks
Mit der Goto-Anweisung kann man nur zu einem Label innerhalb des Blocks springen

73 Vorwärts definierte Prozedur (Funktion) fehlt
Für eine mit forward deklarierte Prozedur (s. Abschnitt 6.5.3) fehlt die Deklaration des Blocks

74 Inline-Fehler
Hinweise dazu im Handbuch

75 Verwendung von absolute nicht zulässig
Hinweise dazu im Handbuch

90 File nicht gefunden
Der angegebene Include-File (s. Abschnitt 9.3.1) ist nicht vorhanden

91 Unerwartetes Ende des Programms
Das geschriebene Programm darf nicht so enden, es hat vermutlich mehr Begin-Eröffnungen als End-Abschlüsse

97 Zu viele With-Anweisungen verschachtelt
Mit der Compiler-Direktive W kann die Schachtelungstiefe vergrößert werden

98 Speicherüberlauf
Für die verwendeten Variablen wird mehr Speicherplatz benötigt, als verfugbar ist

99 Compilerüberlauf
Der Speicherplatz reicht nicht aus, das geschriebene Programm zu compilieren und den Maschinencode abzulegen. Um das Programm dennoch compiliert zu bekommen, kann man die Compiler-Option von M auf C umstellen. Oder man kann das Programm in kleinere Teile unterteilen und diese in Include-Files auslagern (s. Abschnitt 9.3.1). Auch die Overlay-Technik (s. Abschnitt 9.3.2) kann das Problem lösen.

B Fehlermeldungen beim Ablauf

Schwerwiegende Fehler beim Ablauf des Programms bewirken einen Abbruch. Auf dem Bildschirm erscheint ein Hinweis auf den Abbruch aufgrund eines Runtime-Fehlers, er enthält die (hexadezimal angegebene) Nummer des Fehlers (s. Auflistung) und den Stand des Befehlszählers (PC), bei dem der Fehler auftrat.

$01 Fließkomma-Überlauf

$02 Division durch Null nicht zulässig
Bei der Division / ist für den Divisor ein Wert errechnet worden, der 0 ist oder unterhalb des Real-Bereichs liegt.

$03 Argument für die Funktion SqRt nicht zulässig
Beim Aufruf der Quadratwurzelfunktion hat sich für den Radikanden ein negativer Wert ergeben.

$04 Argument für die Funktion Ln nicht zulässig
Der beim Aufruf der Logarithmusfunktion übergebene Wert ist 0 oder negativ.

$10 Fehler in der String-Länge
Die Verkettung von Strings (s. Abschnitte 5.2.3.1 und 8.2.5) ergibt einen String mit mehr als 256 Zeichen.

Nur Strings der Länge 1 können einer Variablen vom Typ Char zugewiesen werden.

$11 String-Index nicht zulässig
Bei den String-Prozeduren Delete, Insert und Copy geht der Index über den Bereich 1 ... 255 hinaus (s. Abschnitt 8.2).

$90 Array-Index außerhalb des zulässigen Bereichs

$91 Skalarer Wert oder Teilbereich außerhalb des Bereichs
Einer Variablen von einem skalaren Typ (oder einem Teilbereich davon) wurde ein Wert zugewiesen, der außerhalb des Bereichs liegt.

$92 Integer-Zahl außerhalb des Bereichs
Den Ganzzahlfunktionen Round oder Trunc wurde ein Wert übergeben, der außerhalb des Bereichs – 32768 ... + 32767 liegt.

$FF Heap/Stack-Kollision
Beim Aufruf der Funktion New (s. Abschnitt 9.2.1) oder bei einem rekursiven Aufruf reicht der Speicherplatz nicht mehr aus.

Wie der Benutzer den durch Runtime-Fehler verursachten Abbruch u. U. vermeiden kann, wird in den Abschnitten 8.4.7 (Ein- und Ausgabenkontrolle) und 9.4 (Compilerdirektiven) dargestellt.

C Tabelle der ASCII-Zeichen

Die in Turbo Pascal verfügbaren Zeichen und ihre Codierung wurden in Abschnitt 3.2 aufgelistet. Damit Sie auch die Codierung der Steuerzeichen in Programmen einsetzen können (s. Menüsteuerung in Abschnitt 7.4.4) wird die vollständige Liste abgedruckt.

Zeichen (bzw. Funktion)	Codierung		Bedeutung	
	Dezimal	Hexadez.		
NUL	0	00	NULL	Bei Mikrocomputern i.a. keine Funktion
SOH	1	01	Start of heading	
STX	2	02	Start of text	
ETX	3	03	End of text	
EOT	4	04	End of transmission	
ENQ	5	05	Enquiry	
ACK	6	06	Acknowledge	
BEL	7	07	Bell (Glocke)	
BS	8	08	Backspace (Rücktaste, löscht das letzte Zeichen)	
HT	9	09	Horizontal tab	
LF	10	0A	Line feed (Zeilenvorschub)	
VT	11	0B	Vertikal tab	
FF	12	0C	Form feed (Seitenvorschub)	
CR	13	0D	Carriage return (Wagenrücklauf)	
SO	14	0E	shift out (turn cursor on-schaltet den Cursor ab)	
SI	15	0F	shift in (turn cursor off-schaltet den Cursor aus)	

Zeichen (bzw. Funktion)	Codierung Dezimal	Hexadez.	Bedeutung
DLE	16	10	Data link escape
DC1	17	11	Device control 1
DC2	18	12	Device control 2
DC3	19	13	Device control 3
DC4	20	14	Device control 4
NAK	21	15	Neg. acknowledge
SYN	22	16	Synchronous idle
ETB	23	17	End trans. Block
CAN	24	18	Cancel – verwendet f. Cursor-Links-Taste
EM	25	19	End of medium – verwendet f. Cursor-Rechts-Taste
SUB	26	1A	Substitute – verwendet f. Cursor-Unten-Taste
ESC	27	1B	Escape – verwendet f. Cursor-Oben-Taste
FS	28	1C	File separator – verwendet f. Cursor-Home-Taste
GS	29	1D	Group separator – verwendet z. Verschieben des Cursors an den Zeilenanfang
RS	30	1E	Record separator – verwendet zum Löschen bis Zeilenende
US	31	1F	Unit separator – verwendet zum Löschen bis Bildschirmspeicherende
SP	32	20	Space (Leerzeichen)
!	33	21	Exclamation point (Ausrufungszeichen)
"	34	22	Quotation mark (Anführungszeichen)
#(£)	35	23	Number sign (Nummernzeichen)
S	36	24	Dollar sign (Dollarzeichen)
%	38	26	Ampersand
'	39	27	Apostroph
(	40	28	Left parenthesis (linke Klammer-Klammer auf)
)	41	29	Right parenthesis (rechte Klammer auf)
*	42	2A	Asterisk (Stern)
+	43	2B	Pluszeichen
,	44	2C	Komma
–	45	2D	Minuszeichen
.	46	2E	Punkt
/	47	2F	Schrägstrich (slash)
0	48	30	Ziffern
1	49	31	Ziffern
2	50	32	Ziffern
3	51	33	Ziffern
4	52	34	Ziffern
5	53	35	Ziffern
6	54	36	Ziffern
7	55	37	Ziffern
8	56	38	Ziffern
9	57	39	Ziffern
:	58	3A	Doppelpunkt (colon)
;	59	3B	Semikolon

Zeichen (bzw. Funktion)	Codierung Dezimal	Hexadez.	Bedeutung
<	60	3C	Kleiner (less) Zeichen
=	61	3D	Gleichheitszeichen (equal)
>	62	3E	Größer (greater) Zeichen
?	63	3F	Fragezeichen (questionmark)
@	64	40	At-sign (At-Zeichen)
A	65	41	
B	66	42	
C	67	43	
D	68	44	
E	69	45	
F	70	46	
G	71	47	
H	72	48	
I	73	49	
J	74	4A	
K	75	4B	
L	76	4C	
M	77	4D	Großbuchstaben
N	78	4E	
O	79	4F	
P	80	50	
Q	81	51	
R	82	52	
S	83	53	
T	84	54	
U	85	55	
V	86	56	
W	87	57	
X	88	58	
Y	89	59	
Z	90	5A	
[(Ä)	91	5B	Eckige Klammer auf (Left bracket)
\ (Ö)	92	5C	Umgekehrter Schrägstrich (Reverse slash)
] (Ü)	93	5D	Eckige Klammer zu (Right bracket)
^ (´) (teilw. ↑ bzw. ⌉)	94	5E	Circumflex
_ (teilw. ←)	95	5F	Unterstreichung (underline)
`	96	60	Akzent
a	97	61	
b	98	62	
c	99	63	
d	100	64	
e	101	65	
f	102	66	
g	103	67	
h	104	68	

Zeichen (bzw. Funktion)	Codierung Dezimal	Hexadez.	Bedeutung
i	105	69	Kleinbuchstaben
j	106	6A	
k	107	6B	
l	108	6C	
m	109	6D	
n	110	6E	
o	111	6F	
p	112	70	
q	113	71	
r	114	72	
s	115	73	
t	116	74	
u	117	75	
v	118	76	
w	119	77	
x	120	78	
y	121	79	
z	122	7A	
{ (ä)	123	7B	Geschweifte Klammer auf (Left brace)
| (ö)	124	7C	Vertikale Linie (vertical line)
} (ü)	125	7D	Geschweifte Klammer zu (Right brace)
~ (ß)	126	7E	Tilde
DEL	127	7F	Delete

Die Dezimalzahlen Ø bis 31 des ASCII-Codes codieren, wie die Tabelle zeigt, keine darstellbaren Zeichen des Zeichenvorrats, sondern sogenannte *Steuerzeichen*. Sie werden i.a. bei Mikrocomputern nur selten und teilweise auch anders genutzt, als es die Spalte „Zeichen bzw. Funktion" angibt.

- Der Angabe entsprechend genutzt wird z. B. das Steuerzeichen mit dem Dezimaläquivalent 13 (carriage return, d. h. Wagenrücklauf). Dieser Code wird z. B. von der Mikrocomputertastatur abgegeben, wenn die RETURN-Taste gedrückt wird.
- Die Steuerzeichen mit der Dezimalcodierung 24 bis 29 werden, anders als der ASCII-Code es vorschreibt, zur Steuerung des Cursors verwendet. Dies ist nicht genormt. Daher kommt es vor, daß die Cursorsteuerung je nach Mikrocomputer unterschiedliche Codierungen aufweist (z. B. 11–15). Dies ist dem Herstellerhandbuch zu entnehmen.

D Anwendung: Sachwortprogramme

```
Program Sachwortliste;
(* Erstellen und Ausgeben der Liste
   von Sachworten für ein Buch  *)

Const   MaxAnzahl=300;
        Sanzahl=5;
Type    String20=String(.18.);
        Zeile=String(.80.);
        Sachwort=Record
                   Wort:String20;
                   Seite:array(.1..Sanzahl.) of Integer;
                 End;

Var     E,E1,L,L1:String20;
        Anker:Sachwort;
        Datei:file of Sachwort;
        Liste:Array(.1..MaxAnzahl.) of Sachwort;
        I,J,Anzahl,Nr,S:Integer;
        Antwort, Wahl:Char;

Procedure C(X,Y:Byte);
  Begin GotoXY(Y,X) End;
Procedure P;
  Const PL=200;
  Begin Delay(PL);End;
Procedure G;
  Begin Write(chr(7)) End;
Procedure T(X,Y:Byte;Text:Zeile);
  Begin C(X,Y);Write(Text);End;
Procedure Z(X,Y,L:Byte;Zeichen:Char);
  Var I:Byte;
  Begin C(X,Y);For I:=1 to L do Write(Zeichen);End;
Procedure Weiter(X,Y:Byte);
  Begin T(X,Y,'Weiter? dann RETURN  ');G;Read;Z(X,Y,26,' ');End;

Procedure InitListe;
Begin For I:=1 to MaxAnzahl do Begin Liste(.I.).Wort:='';
For J:=1 to Sanzahl do Liste(.I.).Seite(.J.):=0; End;End;

Procedure Dateiladen;
Begin
Reset(Datei);
InitListe;
Read(Datei,Anker);Anzahl:=Anker.Seite(.1.);
For I:=1 to Anzahl do Read(Datei,Liste(.I.));
Close(Datei);
End; (* Dateiladen *)

Procedure Dateispeichern;
Begin
Anker.Seite(.1.):=Anzahl;
Reset(Datei);
Write(Datei,Anker);
For I:=1 to Anzahl do Write(Datei,Liste(.I.));
Close(Datei);
End; (* Dateispeichern *)
```

```
Procedure  Anfang;
Begin ClrScr;
T(5,20,'P r o g r a m m');
T(7,5,'zum Anlegen einer Liste von Sachwörtern mit (max.) 5 Seitenzahlen.');
T(8,5,'Die Sachwörter werden in einer Datei abgelegt, aus der sie');
T(9,5,'zu Beginn automatisch in den Arbeitsspeicher geladen werden.');
T(10,5,'Nach Abschluß der Arbeit werden sie wieder abgespeichert.');
Assign(Datei,'Sachw2.Dat');

(* beim ersten Mal:
Rewrite(Datei);
Anker.Wort:='Turbo Pascal';
For I:=1 to Sanzahl do Anker.Seite(.I.):=0;
Write(Datei,Anker);
Close(Datei);       *)

Dateiladen;
T(12,5,'Die Sachwörter sind von der Diskette geladen,');
T(13,5,'ihre Anzahl ist');Write(Anzahl:4,' .');Weiter(24,59);
End;  (* Anfang *)

Procedure  Wortausgeben(Nr:Integer);
Var I:Integer;
Begin Write(Liste(.Nr.).Wort);
I:=1;While (I<=Sanzahl) and (Liste(.Nr.).Seite(.I.)>0) do Begin
Write(' ,',Liste(.Nr.).Seite(.I.):3);I:=I+1;End;
Writeln;End;

Procedure  Wortausgeben(Nr:Integer);
Var I:Integer;
Begin Write(Liste(.Nr.).Wort);
I:=1;While (I<=Sanzahl) and (Liste(.Nr.).Seite(.I.)>0) do Begin
Write(' ,',Liste(.Nr.).Seite(.I.):3);I:=I+1;End;
Writeln;End;

Procedure  Wortdrucken(Nr:Integer);
Var I:Integer;
Begin Write(Lst,Liste(.Nr.).Wort);
I:=1;While (I<=Sanzahl) and (Liste(.Nr.).Seite(.I.)>0) do Begin
Write(Lst,' ,',Liste(.Nr.).Seite(.I.):3);I:=I+1;End;
Writeln(Lst);End;

Procedure Einordnen(Var Anzahl:Integer);
Var Vorhanden:Boolean;I:Integer;
Begin
If Anzahl=0
   then Begin Anzahl:=1;Liste(.1.).Wort:=E;End
   else Begin I:=0;E1:=E;E1(.1.):=UpCase(E(.1.));
        Repeat I:=I+1;L:=Liste(.I.).Wort;
          L1:=L;L1(.1.):=UpCase(L(.1.));
          Vorhanden:=(E=L);
        Until (I>Anzahl) or (E1<L1) or vorhanden;
        Nr:=I;
        If Vorhanden
          then Begin T(16,2,'Das Wort ist schon vorhanden.');
            C(18,2);Wortausgeben(Nr);End
          else Begin Anzahl:=Anzahl+1;
            For J:=Anzahl downto Nr+1 do Liste(.J.):=Liste(.J-1.);
            Liste(.Nr.).Wort:=E;
            For J:=1 to Sanzahl do Liste(.Nr.).Seite(.J.):=0;End;
   End;
End; (* Einordnen *)
```

```
Procedure Eingeben;
Begin
Repeat ClrScr;
T(3,5,'Eingeben eines neuen Sachwortes ...');
T(7,12,'Wort:   ');Readln(E);
Einordnen(Anzahl);
T(9,12,'Seite:  ');Readln(S);
I:=1;
While (I<Sanzahl) and (Liste(.Nr.).Seite(.I.)>0) do I:=I+1;
Liste(.Nr.).Seite(.I.):=S;
 (* Seitenzahlen werden nicht sortiert *)
T(24,49,'Noch ein Wort? sonst n : ');Readln(Antwort);
until UpCase(Antwort)='N';
End;  (* Eingeben *)

Procedure Ausgeben;
Begin
Repeat ClrScr;
T(2,5,'Ausgabe der Sachworte auf dem Bildschirm (B)');
T(3,6,'oder über den Drucker (D).   Gerät:    ');
Readln(Wahl);
until (UpCase(Wahl)='B') or (UpCase(Wahl)='D');
Z(5,2,40,'-');C(7,1);
If UpCase(Wahl)='D'then Begin
    T(7,5,'Bitte schalten Sie den Drucker ein.');
    Weiter(24,59);
    Writeln(Lst,'Sachwortverzeichnis von Turbo Pascal');
    Writeln(Lst,'------------------------------------');
    Writeln(Lst);End;
For I:=1 to Anzahl do
Case UpCase(Wahl) of
  'B':Begin   Wortausgeben(I);
      If (I mod 20=0)
        then Begin Weiter(24,59);Writeln;End;End;
 'D':Wortdrucken(I);
End;
T(24,2,'Ausgabe beendet ...');
Weiter(24,59);
End;  (* Ausgeben *)

Procedure Schluss;
Begin
ClrScr;
T(12,5,'Die Sachwörter werden auf der Diskette abgespeichert ...');
Dateispeichern;
T(15,12,'Speichern beendet.');
T(17,5,'Bis zum nächsten Mal!  Tschüß !!!');
End;  (* Schluss *)


Begin  (* Hauptprogramm *)
Anfang;
Repeat ClrScr;
T(2,15,'Sachwortverzeichnis zu Turbo Pascal');
Z(4,5,60,'-');
T(7,12,'Mit diesem Programm können Sie');
T(9,14,'Schluß machen ...        (0)');
T(10,14,'Sachworte eingeben       (1)');
T(11,14,'Sachworte ausgeben       (2)');
T(12,14,'auf Diskette speichern  (3)');
T(14,12,'Bitte wählen Sie aus:     ( )');C(14,38);
Readln(Wahl);
```

```
Case Wahl of
  ´0´:Schluss;
  ´1´:Eingeben;
  ´2´:Ausgeben;
  ´3´:Dateispeichern;
  else T(16,12,´Kennziffer nicht zulässig !´);
       Weiter(24,59);
End;
until Wahl=´0´;
Weiter(24,59);
end.
```

Sachwortverzeichnis